国家安全
法律制度知识百题百答

GUOJIA ANQUAN FALÜ ZHIDU ZHISHI
BAITI BAIDA

本书编写组 ◎编

中国法制出版社
CHINA LEGAL PUBLISHING HOUSE

前　言

国家安全是国家生存和发展的最基本最重要的前提。维护我国国家安全，是中国特色社会主义建设事业顺利进行、实现国家长治久安和中华民族伟大复兴的重要保障。国家安全立法是国家安全的基本法律保障。新中国成立后，为应对严峻复杂形势，我国制定了一系列维护国家安全的法律法规，对维护国家安全发挥了重要作用。

党的十八大以来，为适应我国国家安全面临的新形势新任务，以习近平同志为总书记的党中央提出总体国家安全观，强调全面维护各领域国家安全，对加强国家安全工作和国家安全立法作出了重要部署。党的十八届四中全会提出，贯彻落实总体国家安全观，加快国家安全法治建设，抓紧出台反恐怖等一批急需法律，推进公共安全法治化，构建国家安全法律制度体系。按照中央部署和贯彻落实总体国家安全观的要求，适应我国国家安全面临的新形势、新任务，第十二届全国人大常委会陆续通过了国家安全法、反间谍法、反恐怖主义法，审议了网络安全法、境外非政府组织境内活动管理法等法律草案。与此同时，有关方面抓紧制定陆地国界法、海洋基本法、核安全法、粮食法、国防交通法等法律，力争到2020年基本形成一套立足我国国情、体现时代特点、适应我国所处战略安全环境，

1

内容协调、程序严密、配套完备、运行有效的中国特色国家安全法律制度体系，为维护我国国家安全提供坚实的法律制度保障。

国家安全法规定，每年4月15日为全民国家安全教育日。为配合开展全民国家安全教育，我们组织参与过相关立法工作的同志编写了这本《国家安全法律制度知识百题百答》。该书重点围绕国家安全法并结合国家安全领域的其他专门立法，以问答的形式深入浅出地介绍国家安全法律制度知识，并根据法律条文拟出填空题、选择题等试题。

本书由王曙光、张小澜、沈彬华、关伟、张于欢、张晶、陈亦超、刘艳阳、梁菲、黄宇菲等同志撰稿。孙镇平同志统阅全书，最后由郑淑娜同志审定。

由于水平有限，书中难免有不足之处，恳请读者批评指正。

本书编写组
2016年4月

目　录

第一部分　国家安全法律制度知识问答

1. 为什么要制定一部新的国家安全法？ …………… 1
2. 为什么说国家安全法是一部综合性、全局性、基础性的重要法律？ …………………………………… 2
3. 我国国家安全的内涵是什么？ …………………… 3
4. 什么是总体国家安全观？在国家安全法中是如何体现的？ ……………………………………………… 5
5. 为什么要坚持党对国家安全工作的领导？ ……… 6
6. 我国建立了怎样的国家安全领导体制？ ………… 6
7. 什么是国家安全战略？我国是否制定了国家安全战略？ ……………………………………………… 7
8. 国家安全法确立的国家安全工作的原则是什么？ … 9
9. 为什么说维护国家安全是全民的一项义务？ …… 11
10. 为什么要设立全民国家安全教育日？ …………… 12
11. 维护政治安全的主要任务是什么？ ……………… 13
12. 维护人民安全的主要任务是什么？ ……………… 15
13. 维护国土安全的主要任务是什么？ ……………… 16
14. 维护军事安全的主要任务是什么？ ……………… 19

1

15. 维护经济安全的主要任务是什么? ………… 21
16. 维护金融安全的主要任务是什么? ………… 23
17. 维护资源能源安全的主要任务是什么? ……… 26
18. 维护粮食安全的主要任务是什么? ………… 28
19. 维护文化安全的主要任务是什么? ………… 32
20. 维护科技安全的主要任务是什么? ………… 35
21. 维护网络信息安全的主要任务是什么? ……… 37
22. 在民族领域维护国家安全的主要任务是什么? ……… 40
23. 在宗教领域维护国家安全的主要任务是什么? ……… 43
24. 防范和处置恐怖主义、极端主义的主要任务是什么? …… 44
25. 维护社会安全的主要任务是什么? ………… 46
26. 维护生态安全的主要任务是什么? ………… 47
27. 维护核安全的主要任务是什么? …………… 49
28. 维护新型领域安全的主要任务是什么? ……… 51
29. 维护我国海外利益安全的主要任务是什么? ……… 52
30. 为什么要不断完善维护国家安全的任务? ……… 54
31. 全国人大及其常委会在维护国家安全中的主要职责是什么? ……………………………………… 54
32. 国家主席在维护国家安全中的主要职责是什么? ………… 56
33. 国务院在维护国家安全中的主要职责是什么? ……… 57
34. 中央军事委员会在维护国家安全中的主要职责是什么? ……………………………………… 59
35. 中央国家机关各部门在维护国家安全中的主要职责是什么? ……………………………………… 60
36. 地方各级人大及县级以上地方人大常委会在维护国家安全中的主要职责是什么? ……… 62

37. 地方各级人民政府在维护国家安全中的主要职责是
    什么？ …………………………………………………… 63
38. 人民法院在维护国家安全中的主要职责是什么？ ………… 64
39. 人民检察院在维护国家安全中的主要职责是什么？ ……… 65
40. 国家安全机关、公安机关在维护国家安全中的主要
    职责是什么？ …………………………………………… 66
41. 有关军事机关在维护国家安全中的主要职责是什么？ …… 67
42. 国家机关及其工作人员在维护国家安全中的主要职责
    是什么？ ………………………………………………… 68
43. 国家安全制度与工作机制的基本要求和目标是什么？ …… 69
44. 什么是国家安全重点领域工作协调机制？ ……………… 70
45. 什么是国家安全工作督促检查和责任追究机制？ ………… 71
46. 各部门、各地区贯彻实施国家安全战略的主要措施
    有哪些？ ………………………………………………… 72
47. 什么是国家安全重大事项跨部门会商工作机制？ ………… 73
48. 什么是国家安全协同联动机制？ ………………………… 74
49. 什么是国家安全决策咨询机制？ ………………………… 76
50. 我国建立了什么样的维护国家安全工作的情报信息
    制度？ …………………………………………………… 77
51. 国家安全机关、公安机关、有关军事机关在搜集情
    报信息工作中的职责分工是什么？ ……………………… 78
52. 开展情报信息工作的原则是什么？ ……………………… 79
53. 报送情报信息应当遵循什么要求？ ……………………… 81
54. 制定完善国家安全风险预案应把握什么要求？ …………… 82
55. 国家安全风险评估机制的主要内容是什么？ ……………… 83
56. 国家安全风险监测预警制度的主要内容是什么？ ………… 84

57. 报告危害国家安全事件有什么要求? ………………… 85
58. 我国国家安全审查和监管的事项范围是什么? ……… 86
59. 中央国家机关各部门在国家安全审查和监管中的职
    责是什么? ……………………………………………… 88
60. 省、自治区、直辖市在国家安全审查和监管中的职
    责是什么? ……………………………………………… 90
61. 国家建立什么样的国家安全危机管控制度? ………… 91
62. 中央有关部门和有关地方在发生危及国家安全的重
    大事件时应当如何应对? ……………………………… 92
63. 发生危及国家安全的特别重大事件,国家可以决定
    进入哪些非常状态?作出决定的主体、权限是什么? …… 94
64. 在什么情况下,履行国家安全危机管控职责的有关
    机关依法有权采取限制公民和组织权利、增加公民
    和组织义务的特别措施? ……………………………… 95
65. 履行国家安全危机管控职责的有关机关依法采取处
    置国家安全危机的管控措施时应当遵循什么原则? …… 97
66. 关于对履行国家安全危机管控职责的有关机关报告
    和统一发布国家安全危机事件信息作了哪些规定? …… 98
67. 关于解除国家安全危机管控处置措施是如何规定的? … 100
68. 国家安全保障体系包括哪些方面? …………………… 101
69. 关于维护国家安全法律制度保障有什么规定? ……… 101
70. 关于国家安全工作经费和装备保障有什么规定? …… 103
71. 关于国家安全战略物资储备保障有什么规定? ……… 104
72. 关于维护国家安全科技保障有什么规定? …………… 106
73. 关于国家安全工作专门人才和特殊人才保障有什么
    规定? …………………………………………………… 107

74. 关于开展国家安全专门工作的手段和方式保障有什么规定？ …… 109

75. 关于国家安全宣传教育有什么规定？ …… 110

76. 公民和组织应当履行哪些维护国家安全的义务？ …… 111

77. 机关、人民团体、企业事业组织和其他社会组织在维护国家安全中应履行哪些特殊义务？ …… 112

78. 企业事业组织配合有关部门采取相关安全措施的义务有哪些？ …… 113

79. 公民和组织支持、协助国家安全工作的行为受法律保护的主要内容是什么？ …… 115

80. 关于对公民和组织支持、协助国家安全工作导致财产损失、人身伤害或者死亡的补偿、抚恤优待是如何规定的？ …… 117

81. 关于公民和组织提出批评建议、申诉、控告和检举的权利是如何规定的？ …… 119

82. 关于有关机关采取限制公民权利和自由的特别措施时应遵循什么原则？ …… 120

83. 什么是间谍行为？ …… 122

84. 国家安全机关在反间谍工作中行使哪些职权？ …… 122

85. 公民和组织在反间谍工作中应当履行哪些义务？ …… 124

86. 什么是恐怖主义、恐怖活动、恐怖事件？ …… 124

87. 电信业务经营者、互联网服务提供者在反恐怖工作中应当采取哪些安全防范措施？ …… 125

88. 各级政府和有关部门应当怎样开展反恐宣传教育？ …… 126

89. 我国建立的反恐应对体制是什么？ …… 126

90. 我国对反恐怖主义工作情报信息作了哪些规定？ …… 127

91. 负责应对处置恐怖事件的反恐怖主义工作领导机构可以决定由有关部门和单位采取哪些应对处置措施? ⋯ 129
92. 报告突发事件应当遵守哪些制度? ⋯⋯⋯⋯⋯⋯ 130
93. 突发事件信息发布有哪些制度要求? ⋯⋯⋯⋯⋯ 130
94. 人民政府组织处置社会安全事件可以采取哪些应急处置措施? ⋯⋯⋯⋯⋯⋯⋯⋯⋯⋯⋯⋯⋯⋯⋯⋯⋯⋯ 131
95. 戒严期间,戒严执勤人员有权对哪些人员立即予以拘留? ⋯⋯⋯⋯⋯⋯⋯⋯⋯⋯⋯⋯⋯⋯⋯⋯⋯⋯⋯⋯ 131
96. 戒严期间,戒严实施机关可以决定在戒严地区采取哪些措施? ⋯⋯⋯⋯⋯⋯⋯⋯⋯⋯⋯⋯⋯⋯⋯⋯⋯⋯⋯⋯ 132
97. 国家决定实施国防动员后,哪些公民可以免予担负国防勤务? ⋯⋯⋯⋯⋯⋯⋯⋯⋯⋯⋯⋯⋯⋯⋯⋯⋯⋯⋯ 133
98. 国家决定实施国防动员后,哪些民用资源可以免予征用? ⋯⋯⋯⋯⋯⋯⋯⋯⋯⋯⋯⋯⋯⋯⋯⋯⋯⋯⋯⋯ 134
99. 国务院领导和管理国防建设事业行使哪些职权? ⋯⋯⋯ 134
100. 中央军事委员会领导全国武装力量行使哪些职权? ⋯⋯ 135

第二部分 国家安全法律制度知识试题

国家安全法律制度知识试题 ⋯⋯⋯⋯⋯⋯⋯⋯⋯ 136
国家安全法律制度知识试题参考答案 ⋯⋯⋯⋯⋯⋯ 182

第三部分　附　录

反分裂国家法 ………………………………… 191
　　（2005 年 3 月 14 日）
中华人民共和国国家安全法 ………………… 194
　　（2015 年 7 月 1 日）
中华人民共和国反间谍法 …………………… 208
　　（2014 年 11 月 1 日）
中华人民共和国反恐怖主义法 ……………… 216
　　（2015 年 12 月 27 日）
中华人民共和国戒严法 ……………………… 245
　　（1996 年 3 月 1 日）

第一部分　国家安全法律制度知识问答

1. 为什么要制定一部新的国家安全法？

答： 国家安全是国家生存和发展的最基本最重要的前提。维护国家安全是国家的头等大事，国家安全立法是国家安全的基本法律保障。通过制定法律来维护国家安全是各国通行的做法。

新中国成立后，党和国家就十分重视维护国家安全工作，始终把维护国家安全作为党和国家的一项基础性工作。我国先后制定了一系列维护国家安全的法律法规，包括1993年制定的国家安全法，这些法律对维护国家安全发挥了重要作用。

1993年到现在已过了20多年了，随着国家的发展，国家安全形势发生了巨大变化，维护国家安全的任务和要求也发生了变化。当前，我国国家安全的形势日益严峻，面临着对外维护国家主权、安全、发展利益，对内维护政治安全和社会稳定的双重压力，各种可以预见和难以预见的风险因素明显增多，非传统领域安全日益凸显。国家安全内涵和外延比历史上任何时候都要丰富，时空领域比历史上任何时候都要宽广，内外因素比历史上任何时候都要复杂。党的十八大以来，为适应我国国家安全面临的新形势新任务，党中央成立了国家安全委员会。以习近平同志为总书记的党中央提出总体国家安全观，强调全面维护各领域国家安全，需要制定一部应对国家安全各种威胁和风险，统领国家安全各领域工作的法律。

考虑到1993年制定的国家安全法，主要是规定国家安全机关的职权和以反间谍工作为主要内容的，已难以适应全面维护各领域国家安全的需要。为此，2014年11月1日，十二届全国人大常委会第十一次会议审议通过了《中华人民共和国反间谍法》，相应废止了原有的国家安全法，为制定新的国家安全法创造了条件。2014年8月全国人大常委会第十次会议上，委员长会议提出了国家安全法的议案。按照总体国家安全观的要求，制定一部立足全局、统领国家安全各领域的综合性、全局性、基础性的法律，适应我国维护国家安全的新形势新要求，是十分必要的。

国家安全法第一条明确了立法宗旨："为了维护国家安全，保卫人民民主专政的政权和中国特色社会主义制度，保护人民的根本利益，保障改革开放和社会主义现代化建设的顺利进行，实现中华民族伟大复兴，根据宪法，制定本法。"制定这部法律，以法律的形式确立总体国家安全观的指导地位和国家安全的领导体制，明确维护国家安全的各项任务，建立维护国家安全的各项制度，为构建国家安全体系，走出一条中国特色国家安全道路奠定了坚实的法律基础。

2. 为什么说国家安全法是一部综合性、全局性、基础性的重要法律？

答：国家安全法是一部具有综合性、全局性、基础性的重要法律，是国家安全法律制度体系中起统领、支架作用的法律，是一部宪法相关法。

"综合性"突出体现在，这部法律既明确宣示性、原则性的维护国家安全的任务和职责，也明确了操作性很强的国家安全制度和保障，既重申了宪法关于全国人大及其常委会、国家主席、国务院、中央军委等国家机关和地方维护国家安全的职责，以及公民维护国家安全的义务，也规定了维护国家安全具体制度机制方面的要求、保障措施等。

"全局性"突出体现在，这部法律立足当下，着眼长远，以法律的形式明确了总体国家安全观在国家安全工作中的指导地位，国家安全领导体制，突出党对国家安全工作的集中统一领导，对全党全国全社会共同维护国家安全明确了法律要求，同时统筹国际国内两个大局，对当前和今后一个时期维护各领域国家安全的主要任务和保障措施作出了安排。

"基础性"突出体现在，这部法律为构建和完善国家安全法律制度体系提供了完整的框架，为制定国家安全领域相关立法预留了接口，提供了坚实有力的法律和制度支撑。

3. 我国国家安全的内涵是什么？

答："国家安全"一词，在二十世纪中叶被西方大国应用于法律规定。半个多世纪以来，从一些西方国家的国家安全战略和相关国家安全立法来看，对此定义不完全相同，但有一点是共同的，就是：维护国家安全的核心是维护国家核心利益和其他重大利益，有的国家把它称为"生死攸关的利益"、"极端重要利益",包括生存、独立和发展等方面。任何负责任的政府在维护核心利益时,都会态度坚决、不容争议、不容妥协、不容干涉。世界各国都是这样做的。中国自然不会例外。

我国制定的国家安全法,维护的是中国国家核心利益和其他重大利益。中国政府在捍卫国家核心利益上一再表明,我们坚持走和平发展道路,但决不放弃我们的正当权益,决不牺牲国家核心利益。为此,国家安全法第二条规定:"国家安全是指国家政权、主权、统一和领土完整、人民福祉、经济社会可持续发展和国家其他重大利益相对处于没有危险和不受内外威胁的状态,以及保障持续安全状态的能力。"

首先,维护国家安全就是维护国家利益,主要是维护国家核心利益和国家其他重大利益的安全。国家核心利益又主要是国家政权、主权、统一和领土完整、人民福祉、经济社会可持续发展。按照贯彻总体国家安全观的要求,国家安全法规定了十几个领域维护国家安全的具体任务,包括政治、军事、国土、经济、文化、社会、科技、信息、生态、资源、核安全等,还包括外层空间、国际海底区域和极地这些新型领域的安全,以及中国海外利益的安全。

其次,考虑到安全威胁的因素永远不可能根除,所以国家安全是一种相对安全。

再次,国家安全不仅指的是一种状态,也包括保障持续安全状态的能力。要通过不断加强自身安全能力建设,不断防范和化解不安全因素对国家造成实质性危害。

最后,在强调维护我国国家安全的同时,还强调维护共同安全和世界和平,不对其他国家和国际社会构成安全威胁。

4. 什么是总体国家安全观？在国家安全法中是如何体现的？

答：每个国家都有自己的国家安全观。国家制度不同、经济社会发展阶段不同、所处的安全环境不同，国家安全观也会不同。即使是同一个国家，也会随着国家所处的安全形势的发展变化适时调整自己的国家安全观。

党的十八大以来，以习近平同志为总书记的党中央领导集体高瞻远瞩，准确把握国家安全形势变化新特点新趋势，继承和发展了新中国成立以来不同时期的国家安全战略思想，形成了具有鲜明时代特征的总体国家安全观。总体国家安全观强调，以人民安全为宗旨，以政治安全为根本，以经济安全为基础，以军事、文化、社会安全为保障，以促进国际安全为依托，走出一条中国特色国家安全道路。贯彻落实总体国家安全观，必须既重视外部安全，又重视内部安全；既重视国土安全，又重视国民安全；既重视传统安全，又重视非传统安全；既重视发展问题，又重视安全问题；既重视自身安全，又重视共同安全。其中，还提出构建集政治安全、国土安全、军事安全、经济安全、文化安全、社会安全、科技安全、信息安全、生态安全、资源安全、核安全等于一体的国家安全体系。

国家安全法通篇贯穿了总体国家安全观的指导思想，在每个章节都有具体体现。国家安全法第三条规定："国家安全工作应当坚持总体国家安全观，以人民安全为宗旨，以政治安全为根本，以经济安全为基础，以军事、文化、社会安全为保障，以促进国际安全为依托，维护各领域国家安全，构建国家安全体系，走中国特色国家安全道路。"第八条规定："维护国家安全，应当与经济社会发展相协调。""国家安全工作应当统筹内部安全和外部安全、国土安全和国民安全、传统安全和非传统安全、自身安全和共同安全。"国家安全法第二章对维护政治安全、人民安全、国土安全、军事安全、经济安全、文化安全、社会安全、生态安全等19个方面作出规定，体现了统筹协调安全与发展、统筹维护各领域国家安全的"总体性"特征。

5. 为什么要坚持党对国家安全工作的领导？

答：我国宪法确立了中国共产党的领导地位。中国共产党是中国特色社会主义事业的领导核心，党的领导是中国特色社会主义最本质的特征，是党和国家的根本所在、命脉所在。国家安全工作攸关党的执政地位和国家存亡，在当前严峻的安全形势下，国家安全工作必须更加注重权威、注重效率，这就决定了更加需要加强党对国家安全工作的领导，更加需要发挥党总揽全局、统筹协调的作用。因此，国家安全法第四条明确规定："坚持中国共产党对国家安全工作的领导，建立集中统一、高效权威的国家安全领导体制。"

6. 我国建立了怎样的国家安全领导体制？

答：国家安全事务具有高度敏感、复杂的性质，既需要运筹帷幄也需要令行禁止，必须通过建立集中统一、高效权威的体制来实现党对国家安全事务的领导。

2013年党的十八届三中全会决定提出，成立国家安全委员会。2014年1月24日，中共中央政治局召开会议，决定中央国家安全委员会由习近平同志任主席，李克强、张德江同志任副主席，下设常务委员和委员若干名。2014年4月15日，中央国家安全委员会第一次会议召开，习近平总书记强调，中央国家安全委员会要遵循集中统一、科学谋划、统分结合、协调行动、精干高效的原则，聚焦重点，抓纲带目，紧紧围绕国家安全工作的统一部署狠抓落实。中央国家安全委员会作为中共中央关于国家安全工作的决策和议事协调机构，向中央政治局、中央政治局常务委员会负责，统筹协调涉及国家安全的重大事项和重要工作。

国家安全法第四条对党的十八大以来国家安全工作领导体制的实践创新予以确认，规定，"坚持中国共产党对国家安全工作的领导，建立集中统一、高效权威的国家安全领导体制"。并在第五条明确了中央国家安全领导机构的职能定位，规定，"中央国家安全领导机构负责国家安全工作的决策和议事协调，研究制定、指导实施国家安全战略和有关重大方针政策，统筹协调国家安全重大事项和重要工作，推动国家安全法治建设"。

7. 什么是国家安全战略？我国是否制定了国家安全战略？

答： 国家安全战略，是关于国家安全目标、方针、途径和手段等宏观和长远的筹划，是综合运用国家军事、外交、政治、经济和文化等多种手段应对威胁和挑战的顶层设计，旨在保障国家生存和发展的根本利益。

从有关国家看，不同国家对"国家安全战略"的定义不同，但都制定了维护本国国家安全的战略或者政策。各国制定并实施国家安全战略的目标有共性，通常规定：保障国家的领土、主权完整，维护国家政治稳定，确保国家经济科技发展利益不受侵害，做好战争准备和非传统安全领域的斗争准备，增强抵御各种安全威胁的能力。

中国在抵御外来威胁，维护国家安全的实践中，形成了具有时代特征和中国特色的国家安全战略思想。党的十六届四中全会报告首次提出"国家安全战略"概念。党的十八大报告提出："完善国家安全战略和工作机制，高度警惕和坚决防范敌对势力的分裂、渗透、颠覆活动，确保国家安全。"但长期以来，我国没有形成系统成文的国家安全战略。

党的十八大以来，以习近平同志为总书记的党中央，准确把握国家安全形势变化新特点新趋势，继承和发展了以往党的国家安全战略思想，提出了总体国家安全观这一重大战略思想，并在党的十八届三中全会决定中提出："设立国家安全委员会，完善国家安全体制和国家安全战略，确保国家安全。"适应国内外安全形势的复杂变化，迫切需要从宏观和整体角度规划和指导维护国家安全各项事业，制定和实施国家安全战略紧迫地提到了议事日程。

2015年1月23日，中央政治局召开会议，审议通过《国家安全战略纲要》，明确提出在新形势下维护国家安全，必须坚持以总体国家安全观为指导，坚决维护国家核心和重大利益，以人民安全为宗旨，在发展和改革开放中促安全，走中国特色国家安全道路；要做好各领域国家安全工作，大力推进国家安全各种保障能力建设，把法治贯穿于维护国家安全的全过程；坚持正确义利观，实现全面、共同、合作、可持续安全，在积极维护我国利益的同时，促进世界各国共同繁荣；运筹好大国关系，塑造周边安全环境，加强同发展中国家的团结合作，积极参与地区和全球治理，为世界和平与发展作出应有贡献。

制定和实施《国家安全战略纲要》，是有效维护国家安全的迫切需要，是完善中国特色社会主义制度、推进国家治理体系和治理能力现代化的必然要求，也为国家安全法立法提供了借鉴。立足我国国情和实际，适应国家安全形势发展变化，国家安全法第六条规定："国家制定并不断完善国家安全战略，全面评估国际、国内安全形势，明确国家安全战略的指导方针、中长期目标、重点领域的国家安全政策、工作任务和措施。"

8. 国家安全法确立的国家安全工作的原则是什么？

答：国家安全法确立了四项国家安全工作原则，分别是法治人权原则，统筹兼顾原则，标本兼治、专群结合原则，共同安全原则。

关于法治人权原则。国家安全法第七条规定："维护国家安全，应当遵守宪法和法律，坚持社会主义法治原则，尊重和保障人权，依法保护公民的权利和自由。"在国家安全工作中坚持社会主义法治原则，就是要求全社会在国家安全工作中，必须坚持按照宪法和法律规定办事。对国家机关而言,就是要坚持权依法使,法无明文规定不得为,运用法治思维、法治方式、法治程序开展国家安全工作。特别是在进入"紧急状态"、"战争状态"、"动员状态"的情况下,更要约束公权力行使,更要注重保护宪法法律赋予公民的权利和自由;同时公民必须履行宪法法律赋予的义务,如兵役义务、国防勤务,遵守三种状态下国家采取的特别措施的义务等。

关于统筹兼顾原则。国家安全法第八条规定:"维护国家安全,应当与经济社会发展相协调。国家安全工作应当统筹内部安全和外部安全、国土安全和国民安全、传统安全和非传统安全、自身安全和共同安全。"维护国家安全,要处理好发展和安全、不同安全之间的关系,这是贯彻总体国家安全观的要求。

关于标本兼治、专群结合原则。国家安全法第九条规定:"维护国家安全,应当坚持预防为主、标本兼治,专门工作与群众路线相结合,充分发挥专门机关和其他有关机关维护国家安全的职能作用,广泛动员公民和组织,防范、制止和依法惩治危害国家安全的行为。""预防为主、标本兼治",就是要谋事在先,防范在前,尊重科学,探索规律,采取有效的事前控制措施,千方百计预防危害国家安全事件的发生,做到防患于未然,将国家安全风险和危机消灭在萌芽状态。同时又要从危害国家安全的个别行为现象中挖掘幕后的、深层次的背景、动机等,研究其破坏活动的规律,从而做到标本兼治,斩草除根,把对国家安全的危害降低到最低程度。专门工作与群众路线相结合,就是指要发挥国家安全机关、公安机关等专门机关在维护国家安全中的主要作用，通过依法搜集涉及国家安全的情报信息，依法行使行政执法和刑事执法职权，对危害国家安全的活动开展有关侦查、调查工作等专业工作，维护国家安全。坚持群众路线是我们党的优良传统。维护国家安全要坚持以民为本、以人为本，坚持国家安全一切为了人民、一切依靠人民，才能真正夯实国家安全的群众基础。

关于共同安全原则。国家安全法第十条规定："维护国家安全，应当坚持互信、互利、平等、协作，积极同外国政府和国际组织开展安全交流合作，履行国际安全义务，促进共同安全，维护世界和平。"这是共同安全原则。面对错综复杂的国际安全威胁，单打独斗不行，迷信武力更不行，中国倡导互信、互利、平等、协作的新安全观，坚持合作安全、集体安全、共同安全才是解决问题的正确选择。

9. 为什么说维护国家安全是全民的一项义务？

答： 国家安全是国家生存和发展的最基本最重要的前提，事关每个人的安全，因此维护国家安全人人有责。我国宪法第五十四条规定："中华人民共和国公民有维护祖国的安全、荣誉和利益的义务，不得有危害祖国的安全、荣誉和利益的行为。"第五十二条规定："中华人民共和国公民有维护国家统一和全国各民族团结的义务。"第五十五条第一款规定："保卫祖国、抵抗侵略是中华人民共和国每一个公民的神圣职责。"根据上述宪法规定，国家安全法第十一条规定："中华人民共和国公民、一切国家机关和武装力量、各政党和各人民团体、企业事业组织和其他社会组织,都有维护国家安全的责任和义务。""中国的主权和领土完整不容侵犯和分割。维护国家主权、统一和领土完整是包括港澳同胞和台湾同胞在内的全中国人民的共同义务。"

同时,国家对积极履行国家安全义务的行为予以支持鼓励。国家安全法第十二条规定:"国家对在维护国家安全工作中作出突出贡献的个人和组织给予表彰和奖励。"国家对国家机关工作人员在从事国家安全工作时的违法行为予以惩戒,对任何不履行国家安全义务、损害国家安全的行为予以惩戒。因此,国家安全法第十三条规定:"国家机关工作人员在国家安全工作和涉及国家安全活动中,滥用职权、玩忽职守、徇私舞弊的,依法追究法律责任。""任何个人和组织违反本法和有关法律,不履行维护国家安全义务或者从事危害国家安全活动的,依法追究法律责任。"

10. 为什么要设立全民国家安全教育日?

答:改革开放三十多年来,随着我国综合国力不断提升,全社会物质和精神生活都得到很大程度的改善,但是全民国家安全意识并未因此而同步提高,因此有必要在全社会进行国家安全教育,提升全社会国家安全意识,时刻绷紧国家安全这根弦。为此,国家安全法第十四条规定:"每年4月15日为全民国家安全教育日。"

关于"全民国家安全教育日"的日期选择,主要考虑是:2014年4月15日,中央国家安全委员会第一次全体会议召开,在这次会议上，中共中央总书记、国家主席、中央军委主席、中央国安委主席习近平同志提出了"总体国家安全观"重大战略思想，为新形势下维护国家安全工作确立了重要遵循。这是我国国家安全工作中的一件大事，也是党和国家事业发展中的一件大事。因此国家安全法将4月15日定为全民国家安全教育日。

11. 维护政治安全的主要任务是什么？

答： 政治安全是国家安全最根本的安全，是国家利益的最高目标。政治安全的核心是政权安全和制度安全。维护我国人民民主专政政权的安全，首要的是加强执政能力建设，巩固中国共产党的执政地位，这是实现政治安全的根本保障。坚持中国共产党的领导，维护中国特色社会主义制度，这是我国政权安全的核心与根本。为此，国家安全法第十五条规定："国家坚持中国共产党的领导，维护中国特色社会主义制度，发展社会主义民主政治，健全社会主义法治，强化权力运行制约和监督机制，保障人民当家作主的各项权利。""国家防范、制止和依法惩治任何叛国、分裂国家、煽动叛乱、颠覆或者煽动颠覆人民民主专政政权的行为；防范、制止和依法惩治窃取、泄露国家秘密等危害国家安全的行为；防范、制止和依法惩治境外势力的渗透、破坏、颠覆、分裂活动。"

维护政治安全，要做到以下几点：（1）坚持中国共产党的领导。中国共产党作为执政党，是中国特色社会主义事业的领导核心。坚持党的领导是我国宪法确立的基本原则，是宪法第一条所确定的我国国体即人民民主专政的具体体现。(2) 维护中国特色社会主义制度。中国特色社会主义制度是中国共产党团结带领全国各族人民经过艰苦斗争建立和发展起来的国家根本制度。禁止任何组织或者个人破坏社会主义制度。(3) 发展社会主义民主政治。要坚持和完善人民代表大会制度根本政治制度；坚持和完善中国共产党领导的多党合作和政治协商制度；坚持和完善民族区域自治制度以及基层群众自治制度；健全民主制度，丰富民主形式，从各层次各领域扩大公民有序政治参与，充分发挥我国社会主义政治制度优越性。(4) 健全社会主义法治。坚持依法治国、依法执政、依法行政共同推进，坚持法治国家、法治政府、法治社会一体建设。坚持科学立法、严格执法、公正司法、全民守法。(5) 强化权力运行制约和监督机制。坚持用制度管权管事管人，让人民监督权力，把权力关进制度笼子里。(6) 保障人民当家作主的各项权利。切实保障人民管理国家事务和社会事务、管理经济和文化事业的权利。(7) 依法防范、制止和惩治危害政治安全的行为。我国是工人阶级领导的、以工农联盟为基础的人民民主专政的社会主义国家。维护政治安全要发挥人民民主专政的职能，即对人民实行民主，对敌人实行专政。坚持这种专政的职能，是顺利进行社会主义现代化建设的保障，也是保卫和发展社会主义民主所必需的。我国刑法对危害国家安全的犯罪作了规定，包括背叛国家罪，分裂国家罪，煽动分裂国家罪，武装叛乱、暴乱罪，颠覆国家政权罪，煽动颠覆国家政权罪，资助危害国家安全犯罪活动罪，投敌叛变罪，叛逃罪，间谍罪，为境外窃取、刺探、收买、非法提供国家秘密、情报罪，资敌罪等。

12. 维护人民安全的主要任务是什么？

答： 在我国，国家的一切权力属于人民。我们党的根本宗旨是全心全意为人民服务。维护国家安全为了人民、依靠人民、造福人民、保护人民，以保障人民根本权益为出发点和落脚点，体现维护国家安全"以人民安全为宗旨"的思想，把维护人民安全作为重要的安全领域。为此，国家安全法第十六条规定："国家维护和发展最广大人民的根本利益，保卫人民安全，创造良好生存发展条件和安定工作生活环境，保障公民的生命财产安全和其他合法权益。"

（1）维护和发展最广大人民的根本利益。这是维护人民安全的价值追求。强调了以民为本、以人为本，维护国家安全的中心是为人民，这是维护国家安全的终极目的。国强才能民富，我国还处于社会主义初级阶段，只有坚持以经济建设为中心，解放和发展社会生产力，推动实现社会主义现代化和全体人民共同富裕，才能为人民安全提供雄厚的物质基础。维护和发展最广大人民的根本利益，要从解决群众最关心最直接最现实的利益问题入手，实现学有所教、劳有所得、病有所医、老有所养、住有所居，把发展成果更多更公平地惠及全体人民，提高群众的"获得感"。

（2）保卫人民安全。这是维护人民安全的核心任务。要大力加强国防和军队现代化建设，坚决抵御外敌入侵，加大对国内敌对势力和暴力犯罪行为的打击力度，保持社会稳定。要强化维护公共安全的措施，把人民群众的生命安全放在首位，严厉打击暴力恐怖等严重危害人民生命财产安全的违法犯罪活动，提高对突发事件应急处置的能力和水平，构筑起人民安居乐业、社会安定有序的全方位、立体化安全屏障。

（3）创造良好生存发展条件和安定工作生活环境。这是保障人民安全所需条件和环境的任务。要在解决基本物质生活资料问题的基础上，顺应人民群众不断提高的对生存发展条件的要求，抓紧解决大面积雾霾、水污染、土壤污染以及农产品、食品、药品质量安全等危害人民群众身体健康、影响人民群众正常工作生活的突出问题，确保生态安全、粮食安全、食品安全和药品安全，保障人民生存发展所需的良好条件。

（4）保障公民的生命财产安全和其他合法权益。这是维护人民安全的首要条件。生存权和财产权是最基本的人权，人民生命财产安全是人民安全的基本内容，包括公民的人身自由、人格尊严、住宅不受侵犯，公民的合法私有财产不受侵犯，土地承包经营权、宅基地使用权受法律保护等。保障公民的生命财产安全和其他合法利益，还要加强和创新社会管理，完善立体化社会治安防控体系，依法严厉打击严重刑事犯罪，有效防控化解危害人民安全的问题，提升人民群众的安全感和满意度。

13. 维护国土安全的主要任务是什么？

答：国土安全是传统国家安全的核心内容，是国家生存与发展的重要保障。国家安全法第十七条规定："国家加强边防、海防和空防建设，采取一切必要的防卫和管控措施，保卫领陆、内水、领海和领空安全，维护国家领土主权和海洋权益。"

（1）维护国土安全的目标主要是指"保卫领陆、内水、领海和领空安全，维护国家领土主权和海洋权益"。领陆、内水、领海、领空都属于我国的领土，我国对其具有领土主权。一是，领土是一个国家在国际上得到承认的根本特征，领土主权不容侵犯是国际法的基本原则之一，也是我国宪法法律的规定。二是，领陆是指我国的陆地领土。根据领海及毗连区法规定，我国的陆地领土包括中华人民共和国大陆及其沿海岛屿、台湾及其包括钓鱼岛在内的附属各岛、澎湖列岛、东沙群岛、西沙群岛、中沙群岛、南沙群岛以及其他一切属于中华人民共和国的岛屿。三是，内水在国际法上通常被视为附属于国家的陆地领土。根据领海及毗连区法规定，我国领海基线向陆地一侧的水域为中华人民共和国的内水。内水既包括内陆的河流、湖泊，也包括领海基线内朝向陆地一侧的海域，国家对内水享有同领陆一样的完全主权。四是，领海。我国的领海是从领海基线量起，宽度为十二海里的海域。我国的领海基线采用直线基线法划定，由各相邻基点之间的直线连线组成。五是，领空。根据民用航空法的规定，我国的领空是指中华人民共和国的领陆和领水之上的空域。六是，海洋权益。是指根据我国法律规定，我国行使的对领海的主权、毗连区的管制权，对专属经济区和大陆架行使的主权权利和管辖权，以及根据我国其他法律规定所享有的海洋权益。还包括《联合国海洋法公约》及其他国际法赋予的权利以及依此权利享有的海洋权益等。具体包括：其一，一切属于我国的岛屿和群岛的主权不受侵犯。其二，我国对于领海、领海上空、领海的海床及底土都享有主权权利。外国非军用船舶，享有依法无害通过我国领海的权利，但是外国军用船舶进入我国领海，须经我国政府批准。任何国际组织、外国的组织或者个人在我国领海内进行科学研究、海洋作业等活动，须经我国政府或者有关主管部门批准，遵守我国法律、法规。其三，我国在毗连区内的权力主要包括管制权和紧追权，即在有关安全、海关、财政、卫生或者入境出境管理方面行使管制权；以及我国有关主管机关有充分理由认为外国船舶违反我国法律、法规时，对该外国船舶行使紧追权。其四，我国在专属经济区和大陆架，涉及对渔业和矿产等自然资源的勘查、开发、养护和管理，以及海洋科学研究和海洋环境保护等方面，行使主权权利和管辖权。其五，我国享有的历史性权利。其六，根据《联合国海洋法公约》及其他国际法享有的海上航行自由、科学考察等海洋权益。我国维护国家领土主权和海洋权益的一贯的主张和立场是坚定不移的。

（2）维护国土安全的防务活动。"国家加强边防、海防和空防建设"，是国家在和平时期维护国土安全所进行的主要防务活动。边防、海防和空防是指国家为了保卫领土主权在陆地边境、领海和领空所采取的防卫和管理措施。国务院与中央军事委员会共同领导边防、海防、空防的管理工作。边防、海防和空防工作大致分为两个部分：一部分是防卫工作，即防止对我国领陆、内水、领海、领空的武装侵犯；另一部分是管理工作，主要是边防、海防和空防的建设及日常性管理，如陆地国界、边境地区管理，人员和各种交通运输工具出入境管理，以及对海上航道和空中航空器的管制等。国家还要根据边防、海防和空防的需要，建设作战、指挥、通信、防护、交通、保障等国防设施。

（3）维护国土安全采取的防卫和管控措施。为了实现"保卫领陆、内水、领海和领空安全，维护国家领土主权和海洋权益"的目的，在加强边防、海防和空防建设的基础上，国家可以采取一切必要的防卫和管控措施，这里的"措施"涵盖了政治、经济、外交、军事、科技、教育等各方面的措施。"一切必要的"措施，既包括和平的措施，也包括非和平的措施。既包括对外措施，也包括对内措施。

14. 维护军事安全的主要任务是什么？

答：军队是国家安全的坚强柱石，军事安全是国家安全的重要保障。强军才能卫国，强国必须强军。国家安全法第十八条规定："国家加强武装力量革命化、现代化、正规化建设，建设与保卫国家安全和发展利益需要相适应的武装力量；实施积极防御军事战略方针，防备和抵御侵略，制止武装颠覆和分裂；开展国际军事安全合作，实施联合国维和、国际救援、海上护航和维护国家海外利益的军事行动，维护国家主权、安全、领土完整、发展利益和世界和平。"

（1）加强武装力量革命化、现代化、正规化建设。中华人民共和国的武装力量属于人民。为了有效履行宪法和国防法赋予的巩固国防、抵抗侵略、保卫祖国、保卫人民的和平劳动、参加国家建设事业、全心全意为人民服务的使命任务，必须加强武装力量的革命化、现代化、正规化建设。毫不动摇坚持党对武装力量的领导，特别是党对军队的领导，坚持不懈用中国特色社会主义理论体系武装全军,持续培育当代革命军人核心价值观,大力发展先进军事文化,永葆人民军队性质、本色、作风。坚定不移把信息化作为军队现代化建设发展方向,推动信息化建设加速发展。加强高新技术武器装备建设,加快全面建设现代后勤,培养大批高素质新型军事人才,深入开展信息化条件下军事训练,增强基于信息系统的体系作战能力。深入推进依法治军从严治军,更好发挥法治的引领和规范作用,建立一整套符合现代军事发展规律、体现我军特色的科学的组织模式、制度安排和运作方式,强化法治信仰和法治思维,按照法治要求转变治军方式,形成党委依法决策、机关依法指导、部队依法行动、官兵依法履职的良好局面,推动军队正规化建设向更高水平发展。

(2)建设与保卫国家安全和发展利益需要相适应的武装力量。我国的武装力量,由中国人民解放军现役部队和预备役部队、中国人民武装警察部队、民兵组成。现役部队是国家的常备军,主要担负防卫作战任务,必要时可以依照法律规定协助维护社会秩序;预备役部队平时按照规定进行训练,必要时可以依照法律规定协助维护社会秩序,战时根据国家发布的动员令转为现役部队。中国人民武装警察部队在国务院、中央军事委员会的领导指挥下,担负国家赋予的安全保卫任务,维护社会秩序。民兵在军事机关的指挥下,担负战备勤务、防卫作战任务,协助维护社会秩序。

(3)武装力量在维护国家安全中的主要职能。一是,实施积极防御军事战略方针,防备和抵御侵略,制止武装颠覆和分裂。我国作为一个坚定不移走和平发展道路的社会主义国家,必须毫不动摇地坚持积极防御战略思想，同时还要适应新的历史时期形势任务要求，贯彻新形势下积极防御军事战略方针，调整军事斗争准备基点，创新基本作战思想，优化军事战略布局，不断丰富和发展这一思想的内涵，坚决捍卫国家安全。二是，实施联合国维和、国际救援、海上护航和维护国家海外利益的军事行动。我国恪守《联合国宪章》的宗旨和原则，遵守公认的国际法准则，根据国家安全法等法律的规定，实施联合国维和、国际救援、海上护航和维护国家海外利益的军事行动，坚定维护国家主权、安全、领土完整、发展利益和世界和平。

15. 维护经济安全的主要任务是什么？

答：经济基础决定上层建筑，根据总体国家安全观的要求，保障经济安全是维护国家安全的基础。特别是在当前经济全球化的条件下，经济主权已经成为国家主权的重要组成部分。经济安全不仅关系国家的经济发展和风险防范，而且涉及国家的政治独立和主权完整。经济安全与政治独立是确保国家主权完整两个不可分割的要素，从近年来的许多实践看，没有经济安全，国家的政治独立就难以保障。为此，国家安全法第十九条规定："国家维护国家基本经济制度和社会主义市场经济秩序，健全预防和化解经济安全风险的制度机制，保障关系国民经济命脉的重要行业和关键领域、重点产业、重大基础设施和重大建设项目以及其他重大经济利益安全。"

（1）维护国家基本经济制度。公有制为主体、多种所有制经济共同发展的基本经济制度，是中国特色社会主义制度的重要支柱，也是社会主义市场经济体制的根基。我国是社会主义国家，公有制经济是我国基本经济制度的主体和基础。公有制经济主要包括全民所有制经济和集体所有制经济两种形式。此外，改革开放以来，各种性质的资产不断流动和重组，尤其是股份制企业的出现，带来了各种形式的混合所有制经济，其中的国有成分和集体成分也属于公有制经济。公有制经济在我国所有制结构中处于主体地位，这是由我国社会主义的国家性质决定的。公有制的主体地位主要体现在两个方面：第一，公有资产在社会总资产中占优势地位。第二，公有制经济控制国民经济命脉，对国民经济发展起主导作用。生产力决定生产关系，我国社会主义初级阶段的生产力发展状况，决定了除公有制以外的多种所有制经济应当共同发展。个体经济、私营经济等非公有制经济，也是社会主义市场经济的重要组成部分。要鼓励、支持、引导非公有制经济发展，保证各种所有制经济依法平等使用生产要素、公平参与市场竞争、同等受到法律保护。

（2）维护社会主义市场经济秩序。我国实行社会主义市场经济，国家依法禁止任何组织或者个人扰乱社会经济秩序。一是，要加强和改善国家对经济的宏观调控，克服市场自身的弱点。国家通过运用经济政策、计划指导和必要的行政管理，引导市场健康发展，健全统一、开放、竞争、有序的现代市场体系。二是，国家制定了涉及维护市场经济秩序各个领域的许多法律，对于严重破坏社会主义市场经济秩序的行为，要依据刑法相关规定，追究法律责任。

（3）健全预防和化解经济安全风险的制度机制。我国现行有关法律法规对涉及经济安全的多个领域作出了规范，建立了预防和化解金融风险、粮食安全风险、外贸风险等制度机制。根据需要，要进一步健全预防和化解经济安全风险的制度机制。

（4）保障国家重大经济利益安全。经济安全是国家安全的基础，而保障关系国民经济命脉的重要行业和关键领域、重点产业、重大基础设施和重大建设项目以及其他重大经济利益安全是保障国家经济安全的基础之基础。关系国家安全和国民经济命脉的重要行业和关键领域主要包括：涉及国家安全的行业，重大基础设施和重要矿产资源，提供重要公共产品和服务的行业，以及支柱产业和高新技术产业中的重要骨干企业，例如军工、石油石化、电网、电信、民用航空、航运、煤炭等。保障这些领域的安全，关键就是发挥国有经济的控制力。

16. 维护金融安全的主要任务是什么？

答：防范和化解金融风险，保证金融安全、高效、稳健运行，是我国经济工作面临的一项重要和紧迫的任务。金融业是高风险行业。金融风险突发性强、波及面广、危害极大，一旦爆发重大问题，就会危及经济、社会甚至政治稳定，严重影响改革开放和现代化建设的进程。要建立与社会主义市场经济发展相适应的金融机构体系、金融市场体系和金融调控监管体系，化解金融风险，增强防范和抗御金融风险能力，为进一步全面推进改革开放和现代化建设创造良好的条件。改革开放以来，我国重视金融法制建设，建立了以中国人民银行法、商业银行法、银行业监督管理法、证券法、保险法等规范金融监督管理行为、规范金融经营主体和经营行为为主要内容的金融法律制度。根据上述法律规定，在总结近年来我国防范金融风险经验的基础上，国家安全法第二十条规定："国家健全金融宏观审慎管理和金融风险防范、处置机制，加强金融基础设施和基础能力建设，防范和化解系统性、区域性金融风险，防范和抵御外部金融风险的冲击。"

（1）国家健全金融宏观审慎管理制度机制。所谓宏观审慎管理，就是为了弥补传统货币政策工具和微观监管在防范系统性风险方面的不足，将金融业作为一个有机整体，以防范和管理跨行业、跨市场和跨经济周期中整个金融体系的风险。宏观审慎管理的主要内容是：既跟踪金融体系在当前经济形势下的运行状况，更关注金融体系在未来经济走势中可能出现的问题，既要保证金融对经济发展的持续促进作用，又要熨平经济周期对金融体系稳定性的影响，达到维护金融稳定、支持经济平衡发展的目标。为实现宏观审慎管理目标，在充分发挥价格型和数量型等传统政策工具作用的同时，需要通过丰富和补充新的工具，将资本金、杠杆率和流动性等传统微观工具的使用纳入宏观审慎管理中，发挥微观监管指标的宏观作用。

（2）国家健全金融风险防范、处置机制。为维护金融安全，我国法律、法规、规章等对建立健全金融风险防范、处置机制作了规定。一是，国务院银行业监督管理机构应当建立银行业金融机构监督管理评级体系和风险预警机制，根据银行业金融机构的评级情况和风险状况，确定对其现场检查的频率、范围和需要采取的其他措施。二是，国务院银行业监督管理机构应当会同中国人民银行、国务院财政部门等有关部门建立银行业突发事件处置制度，制定银行业突发事件处置预案，明确处置机构和人员及其职责、处置措施和处置程序，及时、有效地处置银行业突发事件。三是，商业银行、保险公司、证券公司应当建立健全本行业的风险管理和内部控制制度。四是，加强金融市场体系建设，完善现代金融企业制度，强化内部治理和风险管理，维护金融业安全稳健运行；建立健全系统性金融风险防范预警体系、评估体系和处置机制，加强对系统重要性金融机构的监管。五是，制定相关风险评估、风险预警及风险应对方案，始终把风险监测、预警和处置贯穿于市场创新发展全过程，牢牢守住不发生系统性、区域性金融风险的底线。

（3）加强金融基础设施和基础能力建设。金融基础设施是指金融运行的硬件设施和制度安排，主要包括支付体系、法律环境、公司治理、会计准则、信用环境、反洗钱以及由金融监管、中央银行最后贷款人职能、投资者保护制度组成的金融安全网等。当前加强金融基础设施和基础能力建设主要包括：建立健全我国金融市场基础设施宏观审慎管理框架，继续完善支付系统、证券期货交易结算系统等金融基础设施，建设安全高效的人民币跨境支付系统；推进金融业灾备中心合理布局，强化金融机构内控管理，提高防范网络攻击、应对重大灾难与技术故障的能力，逐步推进金融信息系统和密码应用等核心技术的国产化，建立健全与国际衔接、自主升级、独立可控的金融信息安全标准体系。

（4）防范和化解系统性、区域性金融风险，防范和抵御外部金融风险的冲击。金融安全的核心内容是抵御国内外因素对金融体系带来的不利影响，包括对内和对外两个部分。对内主要是维护金融稳定，保障金融体系的稳健、有序运行。对外主要是金融主权独立，防范境外金融风险对国内金融体系的冲击和境外敌对势力对我国金融体系的破坏。为了防范和化解系统性金融风险，我国遵守二十国集团峰会和金融稳定理事会承诺，正在制定实施中国版"巴塞尔协议Ⅲ"，确立微观审慎和宏观审慎相结合的金融监管新模式，综合启动动态资本、动态拨备、流动性和杠杆率四大新监管工具，搭建中国金融业新的监管框架。

17. 维护资源能源安全的主要任务是什么？

答：资源能源安全是一个国家或地区可以持续、稳定、及时、足量和经济地获取所需自然资源和能源的状态。资源能源安全在国家安全中占有基础地位，是人民群众和整个国家生存与发展的不可或缺的物质基础。资源能源安全是非传统安全的重要方面，并与环境安全、生态安全、粮食安全及经济安全有着密切联系。国家安全法第二十一条规定："国家合理利用和保护资源能源，有效管控战略资源能源的开发，加强战略资源能源储备，完善资源能源运输战略通道建设和安全保护措施，加强国际资源能源合作，全面提升应急保障能力，保障经济社会发展所需的资源能源持续、可靠和有效供给。"

（1）合理利用和保护资源能源。我国坚持节约资源和保护环境的基本国策，坚持节约优先、保护优先、自然恢复为主的方针。

（2）有效管控战略资源能源开发。维护资源能源安全应当开源与节流并举。资源能源安全从源头看，就是在开发上要坚持立足国内，以我为主，加大国内资源能源勘探开发，着力增强能源供给保障能力，合理控制对外依存度，提高能源安全保障水平。为了有效管控战略资源能源的开发，我国一些法律法规对资源能源开发的规划、计划提出了明确要求。例如，煤炭法明确规定国家对煤炭开发实行统一规划、合理布局、综合利用的方针。森林法规定对森林实行限额采伐。

（3）加强战略资源能源储备。实行战略资源储备和能源储备，是确保资源能源安全，保障突发情况下资源能源有效应急供给的重要措施。我国的战略资源能源储备实行实物储备和资源地、能源地储备相结合的方式。例如，我国按照国家储备与企业（商业）储备、实物储备和资源（地）储备相结合的方式，建立稀土战略储备。

（4）完善资源能源运输战略通道建设和安全保护措施。资源能源运输的战略通道既包括海外资源能源进口的战略通道，也包括国内不同地区之间资源能源运输调配的通道。从运输的形式看，现代五大交通运输方式包括铁路运输、公路运输、水路运输、航空运输和管道运输，我国法律法规对维护上述运输方式安全作了规定。

（5）加强国际资源能源合作。立足自身供给，开展国际合作，是保证国家资源能源安全的两个方面。目前加强国际资源能源合作主要涵盖四种形式：一是，着眼于增强全球油气供应能力，发挥我国市场和技术优势，深入开展与能源资源国务实合作。二是，我国鼓励外商以合作的方式，进行石油天然气勘探开发，开展页岩气、煤层气等非常规油气资源勘探开发。三是，优化资源能源贸易结构，推进资源能源贸易主体、贸易方式、贸易渠道等多元化。四是，完善国际合作支持体系。积极参与全球能源治理，充分利用国际能源多边和双边合作机制，加强能源安全、节能减排、气候变化、清洁能源开发等方面的交流对话，推动建立公平、合理的全球能源新秩序，协同保障能源安全。

（6）全面提升应急保障能力。健全资源能源应急组织系统，明确政府及各类社会主体的应急责任和义务。按照统一领导、分级负责、分类实施、协同保障的原则，完善应急保障预案，依法采取资源能源生产运输紧急调度、储备动用和价格干预等措施。加强系统演练，提高全社会资源能源安全应急意识和能力。

18. 维护粮食安全的主要任务是什么？

答：粮食安全是实现我国经济发展、社会稳定和国家安全的重要基础。党和国家历来高度重视粮食安全，始终把饭碗牢牢端在自己手上作为治国理政长期坚持的基本方针。粮食安全，既要保证粮食有效供给，又要保证粮食质量安全。国家安全法第二十二条规定："国家健全粮食安全保障体系，保护和提高粮食综合生产能力，完善粮食储备制度、流通体系和市场调控机制，健全粮食安全预警制度，保障粮食供给和质量安全。"

（1）健全国家粮食安全保障体系。国家粮食安全保障体系是保障粮食安全的系统工程，它包括了保障粮食安全的目标、任务和制度、机制与措施。包括五个方面：一是，构建新形势下的国家粮食安全战略。实施以我为主、立足国内、确保产能、适度进口、科技支撑的国家粮食安全战略。严守耕地保护红线，划定永久基本农田，不断提升农业综合生产能力。积极地利用国际农产品市场和农业资源，有效调剂和补充国内粮食供给。在重视粮食数量的同时，更加注重品质和质量安全。建立健全粮食安全省长责任制，明确中央和地方的粮食安全责任与分工。增强全社会节粮意识，在生产流通消费全程推广节粮减损设施和技术。二是，完善粮食等重要农产品价格形成机制，逐步建立农产品目标价格制度。三是，健全农产品市场调控制度，保障重要农产品市场基本稳定，完善中央储备粮管理体制。四是，合理利用国际农产品市场。五是，强化农产品质量和食品安全监管。

（2）保护和提高粮食综合生产能力。一是落实最严格的耕地保护制度。国家保护耕地，严格控制耕地转为非耕地。国家实行基本农田保护制度。坚决守住耕地红线。确保全国耕地保有量不低于18亿亩，基本农田保有量不低于15.6亿亩。二是其他制度举措。包括国家在政策、资金、技术等方面对粮食主产区给予重点扶持，建设稳定的商品粮生产基地，改善粮食收贮及加工设施，提高粮食主产区的粮食生产、加工水平和经济效益；对部分粮食品种实行保护价制度等。还包括加强耕地质量建设，采取综合措施提高耕地基础地力，提升产出能力；严格控制非农建设占用耕地，实行耕地补偿制度；加强农田水利建设，加快建设高标准农田；提高粮食生产科技水平；切实抓好防灾减灾，有效减轻灾害损失；建立新型粮食生产经营体系；增强粮食可持续生产能力；落实和完善粮食扶持政策，抓好粮食收购，努力提高种粮比较收益，切实保护种粮积极性等。

（3）建立健全和落实粮食储备制度。我国实行的粮食储备制度，包括中央战略专项储备与调节周转储备相结合、中央储备与地方储备相结合、国家（政府）储备和社会储备相结合制度。一是，国家对粮食实行中央和地方分级储备调节制度，建设仓储运输体系；承担国家粮食储备任务的企业应当按照国家规定保证储备粮的数量和质量；二是，国家建立粮食风险基金，用于支持粮食储备、稳定粮食市场和保护农民利益；三是，建立中央储备粮吞吐、轮换机制；四是，销区地方储备粮轮换与产区粮食收购紧密衔接的工作机制；五是，储备粮监管制度；六是，国有粮食仓储物流设施保护制度等制度机制。严格落实和不断完善粮食储备制度是国家粮食宏观调控的重要手段。

（4）完善粮食流通体系和市场调控机制。在市场经济条件下，要确保粮食供应和价格基本稳定，加强和改善宏观调控至关重要。农业法、粮食流通管理条例和有关政策文件，对宏观调控的目标、手段，粮食储备制度，粮食风险基金制度，粮食市场供求形势的监测和预警分析以及信息发布制度等，作了规定。主要包括：一是，国家采取储备粮吞吐、委托收购、粮食进出口等多种经济手段和价格干预等必要的行政手段，加强对粮食市场的调控，保持全国粮食供求总量基本平衡和价格基本稳定。二是，国务院和地方人民政府建立健全粮食风险基金制度。粮食风险基金主要用于对种粮农民直接补贴、支持粮食储备、稳定粮食市场等。三是，国家鼓励粮食主产区和主销区以多种形式建立稳定的产销关系，鼓励建立产销一体化的粮食经营企业，发展订单农业，在执行最低收购价格时国家给予必要的经济优惠，并在粮食运输方面给予优先安排。四是，在重大自然灾害、重大疫情或者其他突发事件引起粮食市场供求异常波动时，国家实施粮食应急机制。

（5）建立健全和落实粮食安全预警制度。一是，国家建立突发事件的粮食应急体系，国务院发展改革部门及国家粮食行政管理部门会同国务院有关部门制定全国的粮食应急预案；省、自治区、直辖市人民政府根据本地区的实际情况，制定本行政区域的粮食应急预案。二是，粮食应急预案启动后，所有粮食经营者必须按国家要求承担应急任务，服从国家的统一安排和调度，保证应急工作的需要。三是，国务院应当制定粮食安全保障目标与粮食储备数量指标，并根据需要组织有关主管部门进行耕地、粮食库存情况的核查。

（6）保障粮食质量安全。提高粮食等农产品质量，保障农产品质量安全，是提高我国人民生活质量和增强农产品国际竞争力的需要，也是维护国家粮食安全和社会稳定的需要。一是，健全粮食质量安全保障体系。完善粮食质量安全标准体系，实行从田间到餐桌的全过程监管制度；加强监测预警，严防发生区域性、系统性粮食质量安全风险；加强对农药残留、重金属、真菌毒素超标粮食的管控，建立超标粮食处置长效机制，禁止不符合食品安全标准的粮食进入口粮市场；健全粮食产地准出制度和质量标识制度。二是，落实粮食质量安全监管责任。严格实行粮食质量安全监管责任制和责任追究制度；加强基层粮食质量安全监管；深入开展粮食质量安全治理整顿，完善不合格粮食处理和有关责任者处罚机制。三是，加强源头治理。采取划定粮食生产禁止区等措施，从源头上防治粮食污染；健全化肥、农药等农业投入品监督管理制度；建立耕地土壤环境监测网络，有效解决耕地面源污染问题。

19. 维护文化安全的主要任务是什么？

答：文化是民族的血脉，是人民的精神家园。维护文化安全，主要包括国家的文化主权和文化尊严不受侵犯，文化传统和文化选择得到尊重，与经济基础和社会政治制度相适应的意识形态占居主导地位。为此，国家安全法第二十三条规定："国家坚持社会主义先进文化前进方向，继承和弘扬中华民族优秀传统文化，培育和践行社会主义核心价值观，防范和抵制不良文化的影响，掌握意识形态领域主导权，增强文化整体实力和竞争力。"

（1）坚持社会主义先进文化前进方向。讲的是文化发展繁荣为了谁、怎样做。就是要以科学发展为主题，以建设社会主义核心价值体系为根本任务，以满足人民精神文化需求为出发点和落脚点，以改革创新为动力，发展面向现代化、面向世界、面向未来的，民族的科学的大众的社会主义文化；坚持为人民服务、为社会主义服务，坚持百花齐放、百家争鸣，坚持继承和创新相统一，弘扬主旋律、提倡多样化，以科学的理论武装人，以正确的舆论引导人，以高尚的精神塑造人，以优秀的作品鼓舞人，在全社会形成积极向上的精神追求和健康文明的生活方式。

（2）继承和弘扬中华民族优秀传统文化。优秀传统文化凝聚着中华民族自强不息的精神追求和历久弥新的精神财富，是发展社会主义先进文化的深厚基础，是建设中华民族共有精神家园的重要支撑。一是，坚持保护利用、普及弘扬并重，加强对优秀传统文化思想价值的挖掘和阐发，维护民族文化基本元素，使优秀传统文化成为新时代鼓舞人民前进的精神力量。二是，加强文化典籍整理和出版工作，推进文化典籍资源数字化。三是，加强国家重大文化和自然遗产地、重点文物保护单位、历史文化名城名镇名村保护建设，抓好非物质文化遗产保护传承。四是，深入挖掘民族传统节日文化内涵，广泛开展优秀传统文化教育普及活动。五是，发挥国民教育在文化传承创新中的基础性作用，增加优秀传统文化课程内容，加强优秀传统文化教学研究基地建设。六是，大力推广和规范使用国家通用语言文字，科学保护各民族语言文字。七是，繁荣发展少数民族文化事业，开展少数民族特色文化保护工作。八是，加强同香港、澳门的文化交流合作，加强同台湾的各种形式文化交流，共同弘扬中华优秀传统文化。

（3）培育和践行社会主义核心价值观。社会主义核心价值观是社会主义核心价值体系的内核，体现社会主义核心价值体系的根本性质和基本特征，反映社会主义核心价值体系的丰富内涵和实践要求，是社会主义核心价值体系的高度凝练和集中表达。社会主义核心价值观的内容是：倡导富强、民主、文明、和谐，倡导自由、平等、公正、法治，倡导爱国、敬业、诚信、友善。培育和践行社会主义核心价值观，一是，把培育和践行社会主义核心价值观融入国民教育全过程，把社会主义核心价值观纳入国民教育总体规划，拓展青少年培育和践行社会主义核心价值观的有效途径，注重发挥社会实践的养成作用，建设高素质的教师队伍；二是，把培育和践行社会主义核心价值观落实到经济发展实践和社会治理中，确立经济发展目标和发展规划，出台经济社会政策和重大改革措施，开展各项生产经营活动，要遵循社会主义核心价值观，把社会主义核心价值观贯彻到依法治国、依法执政、依法行政实践中，把践行社会主义核心价值观作为社会治理的重要内容；三是，加强社会主义核心价值观宣传教育，用社会主义核心价值观引领社会思潮；四是，开展涵养社会主义核心价值观的实践活动，广泛开展道德实践活动，深化学雷锋志愿服务活动，深化群众性精神文明创建活动，发挥优秀传统文化怡情养志、涵育文明的重要作用，发挥重要节庆日传播社会主流价值的独特优势，运用公益广告传播社会主流价值、引领文明风尚。

（4）防范和抵制不良文化的影响。当前，我国国家文化安全总体态势良好。但也要看到，一些不良文化也在侵蚀我国社会主义先进文化和民族优秀文化，如宣扬暴力、恐怖、分裂、色情等不良文化，国家要采取措施加以防范和制止、不能任由其泛滥，否则就会对我国文化安全构成严重威胁。

（5）掌握意识形态领域主导权。我们党始终坚持马克思主义在意识形态领域的指导地位。要毫不动摇地坚持马克思主义基本原理，紧密结合中国实际、时代特征、人民愿望，用发展着的马克思主义指导新的实践；坚持不懈用中国特色社会主义理论体系武装全党、教育人民等。在加强意识形态领域和文化领域管理方面，要牢牢把握舆论导向，正确引导社会舆论。要加强和改进思想政治工作，消除封建主义残余影响，抵御资本主义腐朽思想文化的侵蚀。要加强网络社会管理，推进网络依法规范有序运行。要开展"打黄扫非"，抵制低俗现象。要加快建立法律规范、行政监管、行业自律、技术保障相结合的管理体制。

（6）增强文化整体实力和竞争力。实施文化走出去战略，不断增强中华文化国际影响力，推动中华文化走向世界，积极吸收各国优秀文明成果，切实维护国家文化安全。开展多渠道多形式多层次对外文化交流，广泛参与世界文明对话，促进文化相互借鉴，增强中华文化在世界上的感召力和影响力。创新对外宣传方式方法，增强国际话语权，妥善回应外部关切，增进国际社会对我国基本国情、价值观念、发展道路、内外政策的了解和认识，展现我国文明、民主、开放、进步的形象。

20. 维护科技安全的主要任务是什么？

答：科学技术是第一生产力，科技兴则民族兴，科技强则国家强。科技和科技安全广泛渗透于国家安全的各种领域、各个要素和各个因素之中，对当代国家安全起决定性作用。科技安全可以包括国家利益免受国外科技优势威胁和敌对势力、破坏势力以技术手段相威胁，国家利益免受科技发展自身的负面影响；也包括国家以科技手段维护国家安全的能力，以及国家在所面临的国际国内环境中保障科学技术健康发展以及依靠科学技术提高综合国力的能力。为此，国家安全法第二十四条规定："国家加强自主创新能力建设，加快发展自主可控的战略高新技术和重要领域核心关键技术，加强知识产权的运用、保护和科技保密能力建设，保障重大技术和工程的安全。"

（1）加强自主创新能力建设。党和国家一直高度重视科技创新能力建设。提出到2020年建成创新型国家，使科技发展成为经济社会发展的有力支撑。强调实施创新驱动发展战略，最根本的是要增强自主创新能力。面向未来，增强自主创新能力，最重要的就是要坚定不移走中国特色自主创新道路，坚持自主创新、重点跨越、支撑发展、引领未来的方针，加快创新型国家建设步伐。

（2）战略高新技术和核心关键技术自主可控。"自主可控"一般包括知识产权自主可控、能力自主可控、发展自主可控等内涵。"自主可控"的核心还是在于"自主"，特别是在一些重要领域的核心关键技术方面，不自主就很难做到可控，也只有具有自主可控的能力，才能真正反映自主创新的实力。只有把核心技术掌握在自己手中，才能真正掌握竞争和发展的主动权，才能从根本上保障国家经济安全、国防安全和其他安全。要准确把握重点领域科技发展的战略机遇，选准关系全局和长远发展的战略必争领域和优先方向，通过高效合理配置，深入推进协同创新和开放创新，构建高效强大的共性关键技术供给体系，努力实现关键技术重大突破，把关键技术掌握在自己手里。

（3）加强科技保密能力建设。狭义的科技安全主要就是指保护科技秘密的安全，科技保密是维护科技安全的核心任务。国家实行科学技术保密制度，保护涉及国家安全和利益的科学技术秘密。

21. 维护网络信息安全的主要任务是什么？

答：当今世界，信息技术革命日新月异，对国际政治、经济、文化、社会、军事等领域发展产生了深刻影响。互联网已经融入社会生活方方面面，深刻改变了人们的生产和生活方式。网络和信息安全牵涉到国家安全和社会稳定，是摆在我们面前的现实突出问题。党的十八届三中全会决定提出："坚持积极利用、科学发展、依法管理、确保安全的方针，加大依法管理网络力度，加快完善互联网管理领导体制，确保国家网络安全。"根据中央的精神，国家安全法第二十五条规定："国家建设网络与信息安全保障体系，提升网络与信息安全保护能力，加强网络和信息技术的创新研究和开发应用，实现网络和信息核心技术、关键基础设施和重要领域信息系统及数据的安全可控；加强网络管理，防范、制止和依法惩治网络攻击、网络入侵、网络窃密、散布违法有害信息等网络违法犯罪行为，维护国家网络空间主权、安全和发展利益。"

（1）建设网络与信息安全保障体系。主要包括：一是，建立和完善信息安全等级保护制度，重点保护基础信息网络和关系国家安全、经济命脉、社会稳定的重要信息系统。二是，加强密码技术的开发利用。三是，建设网络信任体系，健全电子认证服务体系，推动电子签名在金融等重点领域和电子商务中的应用。四是，建设信息安全风险评估机制。五是，建设和完善信息安全监控体系，提高对网络安全事件应对和防范能力，防止有害信息传播。六是，健全完善信息安全应急指挥和安全通报制度，不断完善信息安全应急处置预案。从实际出发，促进资源共享，重视灾难备份建设，增强信息基础设施和重要信息系统的抗毁能力和灾难恢复能力。

（2）提升网络与信息安全保护能力。主要包括：一是，大力增强国家信息安全保障能力。积极跟踪、研究和掌握国际信息安全领域的先进理论、前沿技术和发展动态，抓紧开展对信息技术产品漏洞、后门的发现研究，掌握核心安全技术，提高关键设备装备能力，促进我国信息安全技术和产业的自主发展。二是，加快信息安全人才培养，增强国民信息安全意识。三是，不断提高信息安全的法律保障能力、基础支撑能力、网络舆论宣传的驾驭能力和我国在国际信息安全领域的影响力，建立和完善维护国家信息安全的长效机制。

（3）加强网络和信息技术创新、实现安全可控。同步推进网络信息安全和应急通信保障能力建设，不断增强基础网络、核心系统、关键资源的安全掌控能力以及应急服务能力，实现网络安全可控、业务安全可管、应急保障可靠。一是，突破核心技术与关键技术。建立以企业为主体的技术创新体系，强化集成创新，突出自主创新，突破关键技术。二是，选择具有高度技术关联性和产业带动性的产品和项目，促进引进消化吸收再创新，产学研用结合，实现信息技术关键领域的自主创新。三是，推进原始创新，力争跨越核心技术门槛，推进创新型国家建设。四是，培育有核心竞争能力的信息产业。五是，积极跟踪、研究和掌握国际信息安全领域的先进理论、前沿技术和发展动态，抓紧开展对信息技术产品漏洞、后门的发现研究，掌握核心安全技术，提高关键设备装备能力，促进我国信息安全技术和产业的自主发展。

（4）加强网络管理、打击网络犯罪。一是，打击针对网络本身的犯罪，例如网络攻击、网络入侵。包括：侵入国家事务、国防建设、尖端科学技术领域的计算机信息系统；故意制作、传播计算机病毒等破坏性程序，攻击计算机系统及通信网络，致使计算机系统及通信网络遭受损害；违反国家规定，擅自中断计算机网络或者通信服务，造成计算机网络或者通信系统不能正常运行。二是，打击利用网络从事违法犯罪活动。包括：利用互联网造谣、诽谤或者发表、传播其他有害信息，煽动颠覆国家政权、推翻社会主义制度，或者煽动分裂国家、破坏国家统一；通过互联网窃取、泄露国家秘密、情报或者军事秘密；利用互联网煽动民族仇恨、民族歧视，破坏民族团结；利用互联网组织邪教组织、联络邪教组织成员，破坏国家法律、行政法规实施；利用互联网销售伪劣产品或者对商品、服务作虚假宣传；利用互联网损坏他人商业信誉和商品声誉；利用互联网侵犯他人知识产权；利用互联网编造并传播影响证券、期货交易或者其他扰乱金融秩序的虚假信息；在互联网上建立淫秽网站、网页，提供淫秽站点链接服务，或者传播淫秽书刊、影片、音像、图片；利用互联网侮辱他人或者捏造事实诽谤他人；非法截获、篡改、删除他人电子邮件或者其他数据资料，侵犯公民通信自由和通信秘密；利用互联网进行盗窃、诈骗、敲诈勒索。

（5）维护国家网络空间主权。网络主权是国家主权在网络空间的体现和延伸，网络主权原则是我国维护国家安全和利益、参与网络国际治理与合作所坚持的重要原则。我国政府认为，互联网是国家重要基础设施，中华人民共和国境内的互联网属于中国主权管辖范围，中国的互联网主权应受到尊重和维护。在国家安全法中明确提出"维护国家网络空间主权"，正是适应当前中国互联网发展的现实需要，为依法管理在中国领土上的网络活动、抵御危害中国网络安全的活动奠定法律基础。同时也是与国际社会同步，为了优化互联网治理体系，确保国家利益、国民利益不受侵害。中国愿意同世界各国携手努力，本着相互尊重、相互信任的原则，深化国际合作，尊重网络主权，维护网络安全，共同构建和平、安全、开放、合作的网络空间，建立多边、民主、透明的国际互联网治理体系。

22. 在民族领域维护国家安全的主要任务是什么？

答：我国是一个统一的多民族国家，民族问题和民族工作始终关系党和国家工作大局。我们党历来高度重视民族问题，在宪法、民族区域自治法等法律法规中都作了规定，对巩固和发展平等团结互助和谐的社会主义民族关系发挥了重要作用。结合新形势下维护国家安全和民族团结的需要，国家安全法第二十六条规定："国家坚持和完善民族区域自治制度，巩固和发展平等团结互助和谐的社会主义民族关系。坚持各民族一律平等，加强民族交往、交流、交融，防范、制止和依法惩治民族分裂活动，维护国家统一、民族团结和社会和谐，实现各民族共同团结奋斗、共同繁荣发展。"

（1）国家坚持和完善民族区域自治制度。民族区域自治制度是我国的一项基本政治制度，是中国特色解决民族问题的制度创新。国家坚持和完善民族区域自治制度，作为民族领域维护国家安全的首要任务，带有统领性和方向性。要坚持正确政治方向，处理好坚持国家统一领导和民族自治地方行使自治权的关系，切实维护国家统一和民族团结；贯彻建设法治中国要求，推进民族事务治理法治化，依法保障民族自治地方设立自治机关、行使自治权；加快民族地区发展步伐，在制定政策时充分考虑少数民族和民族自治地方实际，促进各民族共同繁荣进步，不断发挥民族区域自治制度的优越性，维护民族领域的国家安全。

（2）巩固和发展平等团结互助和谐的社会主义民族关系。坚持各民族一律平等，巩固和发展平等团结互助和谐的社会主义民族关系，是全国各族人民的根本利益和共同责任，是民族领域维护国家安全的核心目标。

（3）坚持各民族一律平等。坚持各民族一律平等，是宪法的明确规定，是民族领域维护国家安全的根本原则。所谓民族平等，指各民族不分大小、不分政治经济文化的发展状况，在国家生活中一律享有平等的政治地位和法律地位。要坚决反对大汉族主义和地方民族主义，反对任何形式的民族歧视和民族压迫，切实保障各族群众的合法权益。

（4）加强民族交往、交流、交融。加强民族交往、交流、交融，是民族领域维护国家安全的重要途径。要正确看待民族差异，尊重各民族风俗和各民族群众选择；加强基层组织和基层政权建设，做好流动少数民族群众服务和管理，推动建立相互嵌入式的社会结构和社区环境，不断增强各族群众对伟大祖国的认同、对中华民族的认同、对中华文化的认同、对中国共产党的认同、对中国特色社会主义的认同。

（5）防范、制止和依法惩治民族分裂活动。这是民族领域维护国家安全的紧迫任务。禁止破坏民族团结和制造民族分裂的行为，是党和政府的一贯方针，是落实民族区域自治制度、实现民族团结和国家统一的基本前提。在民族领域维护国家安全，要把防范、制止和依法惩治民族分裂活动置于突出位置，采取强有力手段打击民族分裂势力的破坏活动，确保民族地区社会安定。

（6）维护国家统一、民族团结和社会和谐。这是民族领域维护国家安全的主要目标。要积极培育、大力弘扬中华民族共同体意识，引导各族群众树立正确的祖国观、历史观、民族观，担负起维护国家统一、民族团结和社会和谐的共同责任，为民族领域维护国家安全作出积极的贡献。

（7）实现各民族共同团结奋斗、共同繁荣发展。这是中国特色解决民族问题的工作主题，也是民族领域维护国家安全的主要依托。要广泛开展民族团结进步活动，使汉族离不开少数民族、少数民族离不开汉族、各少数民族之间也相互离不开的思想深入人心、得到落实；加快民族地区经济社会发展进程，大力改善民生，发挥资源优势，搞好扶贫开发，加强边疆建设，推动民族地区如期全面建成小康社会，筑牢民族领域的国家安全根基。

23. 在宗教领域维护国家安全的主要任务是什么？

答：宗教存在的长期性和宗教问题的群众性、特殊复杂性，决定了宗教工作具有极强的政策性、敏感性和重要性。能否处理好宗教问题、做好宗教工作，关系党和国家工作全局，关系社会和谐稳定和国家长治久安。为此，国家安全法第二十七条规定："国家依法保护公民宗教信仰自由和正常宗教活动，坚持宗教独立自主自办的原则，防范、制止和依法惩治利用宗教名义进行危害国家安全的违法犯罪活动，反对境外势力干涉境内宗教事务，维护正常宗教活动秩序。""国家依法取缔邪教组织，防范、制止和依法惩治邪教违法犯罪活动。"

（1）国家依法保护公民宗教信仰自由和正常宗教活动。这是我国长期坚持的基本政策，是我国维护人民利益、尊重和保护人权的重要体现，也是最大限度团结人民群众的需要。宗教领域维护国家安全的首要任务，就是贯彻落实党的宗教信仰自由政策，依法保护公民宗教信仰自由，依法制止一切非法干涉宗教信仰自由、伤害信教群众宗教感情的言行，增进信教群众和不信教群众之间的团结；依法保护正常宗教活动，合理安排宗教活动场所，保证信教群众过上正常的宗教生活，制止和打击利用宗教进行破坏社会秩序、损害公民身体健康、妨碍国家教育制度的活动。

（2）坚持宗教独立自主自办的原则。宗教领域维护国家安全，要牢牢坚持宗教独立自主自办的原则，坚持宗教团体、宗教活动场所和宗教事务不受外国势力支配。

（3）防范、制止和依法惩治利用宗教名义进行危害国家安全的违法犯罪活动。就是要防范、制止和依法惩治境内外民族分裂势力利用宗教名义歪曲宗教教义，散布宗教极端思想，蒙蔽和裹胁信教群众，从事民族分裂和暴力恐怖活动等严重危害国家安全的违法犯罪行为。

（4）维护正常宗教活动秩序。要把宗教团体、宗教教职人员、宗教活动场所、宗教活动纳入规范化、法治化管理，依法打击非法宗教组织和非法宗教活动，依法处理涉及宗教事务的纠纷；提高信教群众法治观念，引导他们在法律、政策范围内开展宗教活动，依法维护自身权益，自觉抵制利用宗教进行的各类违法犯罪活动。

此外，邪教往往披着宗教外衣，干着违法的勾当，危害社会、残害人民。为了维护社会稳定、保护人民利益，必须依法取缔邪教组织，防范、制止和依法惩治邪教违法犯罪活动。

24. 防范和处置恐怖主义、极端主义的主要任务是什么？

答： 反恐怖斗争事关国家安全，事关人民群众切身利益，事关改革发展稳定全局，是一场维护祖国统一、社会安定、人民幸福的斗争，必须采取坚决果断措施，保持严打高压态势，坚决把暴力恐怖分子嚣张气焰打下去。为此，国家安全法第二十八条规定："国家反对一切形式的恐怖主义和极端主义，加强防范和处置恐怖主义的能力建设，依法开展情报、调查、防范、处置以及资金监管等工作，依法取缔恐怖活动组织和严厉惩治暴力恐怖活动。" 2015 年 12 月 27 日第十二届全国人民代表大会常务委员会第十八次会议通过《中华人民共和国反恐怖主义法》，对防范和惩治恐怖活动，加强反恐怖主义工作作了全面规定。

（1）国家反对一切形式的恐怖主义和极端主义。按照反恐怖主义法的规定，恐怖主义，是指通过暴力、破坏、恐吓等手段，制造社会恐慌、危害公共安全、侵犯人身财产，或者胁迫国家机关、国际组织，以实现其政治、意识形态等目的的主张和行为。恐怖活动，是指具有恐怖主义性质的下列行为：一是组织、策划、准备实施、实施造成或者意图造成人员伤亡、重大财产损失、公共设施损坏、社会秩序混乱等严重社会危害的活动的；二是宣扬恐怖主义，煽动实施恐怖活动，或者非法持有宣扬恐怖主义的物品，强制他人在公共场所穿戴宣扬恐怖主义的服饰、标志的；三是组织、领导、参加恐怖活动组织的；四是为恐怖活动组织、恐怖活动人员、实施恐怖活动或者恐怖活动培训提供信息、资金、物资、劳务、技术、场所等支持、协助、便利的；五是其他恐怖活动。恐怖活动组织，是指三人以上为实施恐怖活动而组成的犯罪组织。极端主义是指旨在使用暴力夺取政权、执掌政权或改变国家宪法体制，通过暴力手段侵犯公共安全，包括为达到上述目的组织或参加非法武装团伙。在特定地区和特定环境下，宗教极端主义往往与民族分裂主义和暴力恐怖主义相互勾结、利用，宗教是旗号，分裂是目的，暴力恐怖是手段，可以说，宗教极端主义是恐怖主义的思想根源。恐怖主义和极端主义是人类的公敌，必须依法取缔、坚决打击。

（2）加强防范和处置恐怖主义的能力建设。反恐怖主义法对此作了系统规定。在具体工作上，要求做好情报、调查、防范、处置以及资金监管等工作，最终达到依法取缔恐怖活动组织和严厉惩治暴力恐怖活动的目标。一是开展反恐怖主义的情报、调查工作。中央和地方反恐怖主义领导机构以及有关情报部门经对有关情报信息研判、核查，认为恐怖事件可能发生或者需要做好安全防范、应对处置工作的，应当及时通报有关部门和单位。有关部门和单位应当根据通报做好安全防范、应对处置工作。二是开展防范恐怖主义工作。包括做好基础防范措施，禁止极端主义，加强重点目标保护，加强国（边）境管控与防范境外风险等。三是依法应对和处置恐怖主义。包括建立健全恐怖事件应对处置预案体系，制止和处置恐怖活动，立法规定可以采取的各项应对处置措施等。四是依法开展对有关恐怖主义的资金监管。

25. 维护社会安全的主要任务是什么？

答：社会安全通常是指不特定的、多数人的健康、生命以及财产的安全。维护社会安全就是维护社会安定，为发展改革创造良好的社会环境，为人民群众安居乐业创造稳定和谐的社会秩序。为此，国家安全法第二十九条规定："国家健全有效预防和化解社会矛盾的体制机制，健全公共安全体系，积极预防、减少和化解社会矛盾，妥善处置公共卫生、社会安全等影响国家安全和社会稳定的突发事件，促进社会和谐，维护公共安全和社会安定。"

（1）健全有效预防和化解社会矛盾的体制机制。主要包括：健全重大决策社会稳定风险评估机制；建立畅通有序的诉求表达、心理干预、矛盾调处、权益保障机制，使群众问题能反映、矛盾能化解、权益有保障；改革行政复议体制，健全行政复议案件审理机制，纠正违法或不当行政行为；完善人民调解、行政调解、司法调解联动工作体系，建立调处化解矛盾纠纷综合机制；改革信访工作制度，实行网上受理信访制度，健全及时就地解决群众合理诉求机制。把涉法涉诉信访纳入法治轨道解决，建立涉法涉诉信访依法终结制度。

（2）健全公共安全体系。主要包括：完善统一权威的食品药品安全监管机构，建立最严格的覆盖全过程的监管制度，建立食品原产地可追溯制度和质量标识制度，保障食品药品安全；深化安全生产管理体制改革，建立隐患排查治理体系和安全预防控制体系，遏制重特大安全事故；健全防灾减灾救灾体制；加强社会治安综合治理，创新立体化社会治安防控体系，依法严密防范和惩治各类违法犯罪活动；坚持积极利用、科学发展、依法管理、确保安全的方针，加大依法管理网络力度，加快完善互联网管理领导体制，确保国家网络和信息安全。

（3）妥善处置公共卫生、社会安全等影响国家安全和社会稳定的突发事件。我国突发事件应对法对预防和处置自然灾害、事故灾难、公共卫生事件和社会安全事件作了规定。

26. 维护生态安全的主要任务是什么？

答：生态安全，通常指一个国家生存和发展所需的生态环境处于不受或少受破坏与威胁的状态，可以实现永续利用。生态安全是国家安全和社会稳定的重要组成部分，是由水、土、大气、森林、草地、海洋、生物等组成的自然生态系统，是人类赖以生存、发展的物质基础。保护和改善生产环境与生态环境、防治污染和其他公害，是我国的一项基本国策。为此，国家安全法第三十条规定："国家完善生态环境保护制度体系，加大生态建设和环境保护力度，划定生态保护红线，强化生态风险的预警和防控，妥善处置突发环境事件，保障人民赖以生存发展的大气、水、土壤等自然环境和条件不受威胁和破坏，促进人与自然和谐发展。"

（1）完善生态环境保护制度体系。包括健全法律法规，完善标准体系，健全自然资源资产产权制度和用途管制制度，完善生态环境监管制度，严守资源环境生态红线，完善经济政策，推行市场化机制。加快推行合同能源管理、节能低碳产品和有机产品认证、能效标识管理等机制，健全生态保护补偿机制，健全政绩考核制度，完善责任追究制度等。

（2）加大生态建设和环境保护力度。包括建立保护和修复自然生态系统，加快生态安全屏障建设，实施重大生态修复工程，实施生物多样性保护重大工程，建立监测评估与预警体系，健全国门生物安全查验机制，有效防范物种资源丧失和外来物种入侵；全面推进污染防治，建立以保障人体健康为核心、以改善环境质量为目标、以防控环境风险为基线的环境管理体系，健全跨区域污染防治协调机制；积极应对气候变化，通过节约能源和提高能效，优化能源结构，有效控制二氧化碳等温室气体排放；提高适应气候变化特别是应对极端天气和气候事件能力。

（3）强化生态风险的预警和防控，妥善处置突发环境事件。包括建立、健全环境监测制度；建立环境资源承载能力监测预警机制；国家建立跨行政区域的重点区域、流域环境污染和生态破坏联合防治协调机制；完善以预防为主的环境风险管理制度，实行环境应急分级、动态和全过程管理，依法科学妥善处置突发环境事件；建设更加高效的环境风险管理和应急救援体系，提高环境应急监测处置能力等。

27. 维护核安全的主要任务是什么？

答： 核安全关系经济社会发展全局和人民群众的切身利益，是全民关注的重大问题。核安全通常是指核材料及放射性物质的管理和使用处于没有任何危险的状态。需要采取核安全措施的设施和活动包括核电厂和其他核设施的运行，核材料运输、使用与存储等。为维护我国核安全，国家安全法第三十一条规定："国家坚持和平利用核能和核技术，加强国际合作，防止核扩散，完善防扩散机制，加强对核设施、核材料、核活动和核废料处置的安全管理、监管和保护，加强核事故应急体系和应急能力建设，防止、控制和消除核事故对公民生命健康和生态环境的危害，不断增强有效应对和防范核威胁、核攻击的能力。"

（1）坚持和平利用核能和核技术。中国历来坚持和平利用核能和核技术，主张全面禁止和彻底销毁核武器，奉行"不主张、不鼓励、不从事核武器扩散，不帮助别国发展核武器"的方针，不断完善防扩散机制，加强在防扩散领域国际合作，积极参加国际防扩散努力，为维护和促进国际和地区的和平与安全作出了重要贡献。目前，我国签署了《不扩散核武器条约》、《核材料实物保护公约》等与防扩散相关的国际条约，真诚地履行国际责任和条约公约义务，制定了完整的防扩散政策和核两用品及相关技术出口管制条例、核出口管制条例等，形成较为完备的防扩散出口管制法规体系和管制体系。

（2）加强对核设施、核材料、核活动和核废料处置的安全管理、监管和保护，加强核事故应急体系和应急能力建设。中国一向把核安全工作放在和平利用核能事业的首要位置，坚持理性、协调、并进的核安全观，坚持安全第一原则，按照最严格标准对核设施、核材料、核活动和核废料处置实施管理、监督和保护；着力提高核安全技术水平，提高核安全应急能力，不断增强自身核安全能力；积极参与构建国际核安全体系，促进各国共享和平利用核能事业的成果；深化打击核恐怖主义的国际合作，坚定不移维护地区和世界和平稳定。目前我国已经制定了突发事件应对法等法律法规，并根据国家突发公共事件总体应急预案，制定了国家核应急预案，防止、控制和消除核事故对公民生命健康和生态环境的危害。

（3）不断增强有效应对和防范核威胁、核攻击的能力。核力量是维护国家主权和安全的战略基石。中国始终奉行不首先使用核武器的政策，坚持自卫防御的核战略，无条件不对无核武器国家和无核武器区使用或威胁使用核武器，不与任何国家进行核军备竞赛，核力量始终维持在维护国家安全需要的最低水平。建设完善核力量体系，提高战略预警、指挥控制、导弹突防、快速反应和生存防卫能力，慑止他国对中国使用或者威胁使用核武器。

28. 维护新型领域安全的主要任务是什么？

答：外层空间、国际海底区域和极地等新型领域，虽然不属于国家主权管辖范围，但是近年来，这些新型领域对于国家安全的重要性，已经越来越成为世界各国的共识。世界各国普遍认为这些领域属于未来国家利益拓展和维护国家安全的"战略新疆域"。我国目前在这些领域也有着现实和潜在的重大国家利益，也面临着安全威胁和挑战，为此，国家安全法第三十二条规定："国家坚持和平探索和利用外层空间、国际海底区域和极地，增强安全进出、科学考察、开发利用的能力，加强国际合作，维护我国在外层空间、国际海底区域和极地的活动、资产和其他利益的安全。"

（1）坚持和平探索和利用外层空间、国际海底区域和极地。中国一向主张和平探索和利用外层空间、国际海底区域和极地等新型领域，批准和加入了关于上述新型领域的一些国际公约，并恪尽职守地履行公约义务。中国按照相关国际公约规定，在外层空间、国际海底区域和极地开展科学考察、资源勘探、开发利用，有助于了解和利用外层空间、国际海底区域和极地的资源，提高对上述领域的科学认知水平，服务于全人类的共同利益。中国也愿与世界其他国家在相互尊重、平等互利的基础上，在探索外层空间、国际海底区域和极地过程中开展多方面的国际合作，为和平利用外层空间、国际海底区域和极地，造福全人类作出贡献。

（2）维护我国在外层空间、国际海底区域和极地的活动、资产和其他利益的安全。西方发达国家从二十世纪八十年代起就开始逐步加强对新型领域的立法工作，美国、日本、俄罗斯以及有关欧洲国家也都将参与太空、极地、深海活动作为国家安全战略和立法的重要内容。我国在对上述领域进行资源勘探、科学考察和开发利用过程中，也有权依法保障自身相关活动、资产和人员的安全。在国家安全法中对外层空间、深海和极地的国家安全任务作出原则规定，有利于为相关领域工作提供法律支撑。

29. 维护我国海外利益安全的主要任务是什么？

答：中国经济逐步融入世界经济体系，海外利益已经成为中国国家利益的重要组成部分。这些年，为适应对外开放和经济全球化新形势需要，中国企业在海外的投资不断扩大，在海外经商、旅游、留学的中国公民数量与日俱增，随着"一带一路"战略的实施，中国在海外的利益会进一步扩大。但是国际安全形势不确定、不稳定因素增多，我海外利益面临的安全风险有所上升，维护我国海外利益的任务十分艰巨。为此，国家安全法第三十三条规定："国家依法采取必要措施，保护海外中国公民、组织和机构的安全和正当权益，保护国家的海外利益不受威胁和侵害。"

（1）保护海外中国公民、组织和机构的安全和正当权益。中国公民指具有中国国籍的人员，不包括已经取得驻在国国籍的华裔；组织和机构指法人，包括企事业单位、科研机构、院校等；国家的海外利益指国家作为一个整体在海外的利益，其范围很广，包括国有资产、国家机密、国家形象、国家软实力、国家在国际上的权益等等。这里规定的"正当权益"与"合法权益"有联系，通常情况下范围基本一致但并不完全重叠。中国公民和法人位于别国领土之上，根据属地管辖原则，他们受所在国法律支配。所在国法律规定在很多时候会与中国的法律规定不一致，有的行为在所在国是合法的，但是在我国属于非法；有的行为在所在国是非法的，但是在我国是合法行为。更为极端的情况，就是所在国的法律本身，就存在威胁我国国家安全或者对中国公民、组织存在歧视。在这个时候，国家是否予以保护，就不能简单地考虑该行为是否符合当地法律规定，而需要考虑"正当性"。

（2）国家依法采取必要措施，保护国家的海外利益不受威胁和侵害。第一个要求就是国家采取的相关措施应当依法进行。一是必须符合中国相关法律的规定；二是必须遵守国际法和公认的国际关系准则；三是应尊重别国主权和司法独立。在中国公民、组织和机构安全与正当权益以及国家整体利益在海外受到威胁的情况下，国家必须依法采取切实措施保护中国公民、组织和机构在海外的安全和正当权益以及国家整体海外利益，最常用的是外交和领事保护。第二就是必要性。采取的措施应当以"保护海外中国公民、组织和机构的安全和正当权益，保护国家的海外利益不受威胁和侵害"为限度，既包括外交措施，也保护行政执法合作，在紧急情况下，还包括了海外军事行动。

30. 为什么要不断完善维护国家安全的任务？

答：对维护国家安全的任务作出兜底规定，是贯彻总体国家安全观的需要。总体国家安全观充分考虑国家利益的拓展和国家安全形势的变化，提出涉国家安全领域也会不断拓展和变化，国家安全重点领域不仅仅是政治安全、人民安全、国土安全、军事安全等领域，国家安全法要根据形势发展，为不断完善维护国家安全的任务留下接口和余地，有必要增加兜底条款。为此，国家安全法第三十四条规定："国家根据经济社会发展和国家发展利益的需要，不断完善维护国家安全的任务。"

31. 全国人大及其常委会在维护国家安全中的主要职责是什么？

答：全国人民代表大会作为最高国家权力机关，在中央国家机关中处于核心地位，国家的行政机关、审判机关和检察机关由它产生，向它负责，受它监督。全国人大及其常委会作为最高国家权力机关，具有立法、监督、人事任免、重大事项决定等重要职权，在维护国家安全方面的职责是不言而喻的。为此，根据宪法规定，国家安全法第三十五条规定："全国人民代表大会依照宪法规定，决定战争和和平的问题，行使宪法规定的涉及国家安全的其他职权。""全国人民代表大会常务委员会依照宪法规定，决定战争状态的宣布，决定全国总动员或者局部动员，决定全国或者个别省、自治区、直辖市进入紧急状态，行使宪法规定的和全国人民代表大会授予的涉及国家安全的其他职权。"

（1）关于全国人民代表大会维护国家安全的职责。根据宪法第六十二条规定，应当由全国人民代表大会行使的职权共有十五项。本法突出强调：一是决定战争和和平的问题。战争和和平的问题是政治的最高形式，直接关系国家的根本利益，对国家的生存与发展生死攸关。在遇到国家遭受武装侵犯时，涉及国家的主权和领土完整；在必须履行国际间共同防止侵略的条约时，也涉及国家履行国际义务。而且国家在进入战争状态后，其政权运行方式和政治、军事、经济体制都可能进入特殊形态，公民的基本权利也可能受到一定程度的克减，因此必须由最高国家权力机关来决定。二是宪法规定的其他职权。包括立法权、人事任免权等职权。

（2）关于全国人民代表大会常务委员会维护国家安全的职责。根据宪法第六十七条规定，应当由全国人大常委会行使的职权共有二十一项。本法突出强调：一是决定战争状态的宣布。全国人大常委会"决定战争状态的宣布"与全国人大"决定战争和和平的问题"有所不同，有两个明确条件限制。其一是必须在全国人民代表大会闭会期间，其二是已经发生了国家遭受武装侵犯或者必须履行国际间共同防止侵略的条约的情况。二是决定全国总动员或者局部动员。全国总动员或者局部动员，是在国家的主权、统一、领土完整和安全遭受威胁时，一般是指面临或者已经遭受外敌侵略或者发生严重内乱时，国家所采取的一种紧急措施。动员令一经发出，国家或者局部地区将从平时体制转入战时体制，全国人民或者局部地区的人民都必须全力以赴地投入到抵抗侵略或者制止内乱的行动中去，一切工作都要服从动员的需要。全国总动员或者局部动员对国家经济建设和其他建设都会产生重要影响，所以必须由全国人大常委会决定。全国人大常委会决定全国总动员或者局部动员后，由国家主席发布动员令。三是决定全国或者个别省、自治区、直辖市进入紧急状态。紧急状态是指突发性的现实危机或者预期可能发生的危机，在较大空间范围或者较长时间内威胁到公民生命、健康、财产安全，影响国家机关正常行使权力，必须采取特殊的应急措施才能恢复正常秩序的特殊状态。在全国或者个别省、自治区、直辖市宣布进入紧急状态，涉及对公民、组织基本权利的克减，影响面较大，必须由全国人大常委会来作出决定。四是行使宪法规定的其他职权。包括立法权、监督权、人事任免权等。

32. 国家主席在维护国家安全中的主要职责是什么？

答：中华人民共和国主席是重要的国家机构，根据宪法规定，行使是宪法第八十条和第八十一条规定的职权。国家主席的职权，有一部分是与全国人大及其常委会共同行使，主要是在法律程序上起到宣告或宣布作用。另一部分是国家主席独立行使的职权，主要是进行国事活动方面的职权。为此，国家安全法第三十六条规定："中华人民共和国主席根据全国人民代表大会的决定和全国人民代表大会常务委员会的决定，宣布进入紧急状态，宣布战争状态，发布动员令，行使宪法规定的涉及国家安全的其他职权。"

（1）宣布进入紧急状态，宣布战争状态，发布动员令。全国人大作出关于战争和和平的问题的有关决定，全国人大常委会决定战争状态的宣布，决定全国总动员或者局部动员，决定全国或者个别省、自治区、直辖市进入紧急状态后，只有国家主席依照法定程序正式对外宣布，才能发生相应的法律效力。宣布是以文告形式通知公众，内容一般应当包括实施紧急状态的原因、地域范围、开始时间和结束时间、实施机关、国家采取的措施、对公民权利的限制等。宣布的意义在于使公民了解其在战争状态、紧急状态、实施动员期间的权利和义务，既有效维护自己的合法权益，又切实履行自己应尽的义务，并将政府在此期间的活动置于公众的监督之下，防止权力的滥用。

（2）宪法规定的其他职权。一是代表中华人民共和国，进行国事活动，接受外国使节。二是根据全国人大常委会的决定，派遣和召回驻外全权代表，批准和废除同外国缔结的条约和重要协定。三是根据全国人大和全国人大常委会的决定，公布法律，任免国务院总理、副总理、国务委员、各部部长、各委员会主任、审计长、秘书长，授予国家的勋章和荣誉称号，发布特赦令等。

33. 国务院在维护国家安全中的主要职责是什么？

答：国务院，即中央人民政府，是最高国家权力机关的执行机关，是最高国家行政机关。国务院的机构性质和定位，决定了其在维护国家安全方面，承担着重要职责。为此，国家安全法第三十七条规定："国务院根据宪法和法律，制定涉及国家安全的行政法规，规定有关行政措施，发布有关决定和命令；实施国家安全法律法规和政策；依照法律规定决定省、自治区、直辖市的范围内部分地区进入紧急状态；行使宪法法律规定的和全国人民代表大会及其常务委员会授予的涉及国家安全的其他职权。"

（1）根据宪法和法律，制定涉及国家安全的行政法规，规定有关行政措施，发布有关决定和命令。立法法对国务院制定行政法规的权限范围作了规定：一是为执行法律的规定需要制定行政法规的事项；二是宪法第八十九条规定的国务院行政管理职权的事项；三是全国人大及其常委会授权立法的事项。国务院可以依据宪法、法律、行政法规等，针对特定的具体事项，在一定时期内采取一定的行政措施，发布有关决定和命令，领导和管理经济、城乡建设、教育、科学、文化、卫生、体育、计划生育、民政、公安、司法行政和监察等方面工作。

（2）实施国家安全法律法规和政策。国务院是最高国家权力机关的执行机关。对全国人大及其常委会制定的法律，国务院有执行的义务。就国务院实施涉及国家安全的法律来讲，一是要在具体工作中坚决遵守和严格执行这些法律，二是可以制定配套的行政法规来更好地执行这些涉及国家安全的法律。此外，在国家安全方面，党中央、国务院和中央国家安全领导机构还会出台一系列起指导作用的重要安全政策，这些政策的具体落实和实施，也是国务院的重要职责之一。

（3）依照法律规定决定省、自治区、直辖市的范围内部分地区进入紧急状态。同全国人大常委会决定全国或者个别省、自治区、直辖市进入紧急状态不同，国务院决定进入紧急状态的地域范围有一定限制，只能决定省、自治区、直辖市的范围内部分地区进入紧急状态，一是考虑到影响范围相对较小，二是可以尽快采取措施，防止事态蔓延，可以由国务院决定。

（4）行使宪法法律规定的和全国人大及其常委会授予的涉及国家安全的其他职权。

34. 中央军事委员会在维护国家安全中的主要职责是什么？

答： 根据宪法规定，中央军事委员会是最高国家军事机关，它的职权是领导全国武装力量。根据国防法规定，中央军委还行使统一指挥全国武装力量；决定军事战略和武装力量的作战方针等职权。中央军委在维护国家安全工作中具有十分重要的地位。为此，国家安全法第三十八条规定："中央军事委员会领导全国武装力量，决定军事战略和武装力量的作战方针，统一指挥维护国家安全的军事行动，制定涉及国家安全的军事法规，发布有关决定和命令。"

（1）中央军事委员会领导全国武装力量。我国的武装力量包括中国人民解放军现役部队和预备役部队、中国人民武装警察部队和民兵。依照法律规定，除了由中央军委与国务院共同领导的一些工作外，全国武装力量的领导和指挥由中央军委行使。

（2）中央军委决定军事战略和武装力量的作战方针。军事战略是筹划和指导军事力量建设和运用的总方略，服务服从于国家战略目标，站在新的历史起点上，军队适应国家安全环境新变化，贯彻新形势下积极防御军事战略方针，加快推进国防和军队现代化，坚决维护国家主权、安全、发展利益。

（3）统一指挥维护国家安全的军事行动。在维护国家安全的军事行动中，军队是骨干力量，武警部队和民兵依法履行相关职责，都要在中央军委统一指挥下开展行动，保持行动步调一致。当前，我国军队主要承担以下战略任务：应对各种突发事件和军事威胁，有效维护国家领土、领空、领海主权和安全；坚决捍卫祖国统一；维护新型领域安全和利益；维护海外利益安全；保持战略威慑，组织核反击行动；参加地区和国际安全合作，维护地区和世界和平；加强反渗透、反分裂、反恐怖斗争，维护国家政治安全和社会稳定；担负抢险救灾、维护权益、安保警戒和支援国家经济社会建设等任务。

（4）制定涉及国家安全的军事法规，发布有关决定和命令。

35. 中央国家机关各部门在维护国家安全中的主要职责是什么？

答：维护国家安全是全党全社会共同的职责。中央国家机关各部门根据宪法和法律的规定，负责本领域的方针、政策、计划和重大行政措施的研究制定、组织实施和监督管理，肩负着本部门职责范围内贯彻执行国家各项重大方针政策和法律法规，管理指导本系统、本领域工作的重要职责。为此，国家安全法第三十九条规定："中央国家机关各部门按照职责分工，贯彻执行国家安全方针政策和法律法规，管理指导本系统、本领域国家安全工作。"

（1）中央国家机关各部门要按照职责分工，贯彻执行国家安全方针政策和法律法规。有关文件对于中央国家机构各部门的职责都有明确分工，各部门应当严格按照自身职责范围贯彻执行国家安全方针政策和法律法规，开展国家安全工作。一是组织本机关、本单位人员学习党和国家有关国家安全工作的文件、法律法规；二是对本机关、本单位的人员进行维护国家安全的教育，动员、组织本机关、本单位的人员防范、制止危害国家安全的行为，履行维护国家安全的义务；三是组织本机关、本单位人员在依法履行职责的日常工作当中，贯彻执行维护国家安全的原则；四是组织本机关、本单位人员依法支持、配合有关专门机关维护国家安全的专门工作；五是在依法履行社会管理职能过程中，充分考虑维护国家安全的因素，指导、管理企业事业组织根据国家安全工作的要求，依法配合有关部门采取相关安全措施，提供数据、信息等必要的支持和协助等。

（2）中央国家机关各部门要按照职责分工，管理指导本系统、本领域国家安全工作。根据宪法规定，国务院各部部长、各委员会主任负责本部门的工作；各部、各委员会根据法律和国务院的行政法规、决定、命令，在本部门的权限内，发布命令、指示和规章。同时，地方组织法规定，各省、自治区、直辖市的人民政府的各工作部门受人民政府统一领导，并且依照法律或者行政法规的规定受国务院主管部门的业务指导或者领导；自治州、县、自治县、市、市辖区的人民政府的各工作部门受人民政府统一领导，并且依照法律或者行政法规的规定受上级人民政府主管部门的业务指导或者领导。因此，中央国家机关各部门不仅要按照职责分工，组织开展本机关、本单位贯彻执行国家安全方针政策和法律法规，而且要依法管理指导本系统、本领域国家安全工作。

36. 地方各级人大及县级以上地方人大常委会在维护国家安全中的主要职责是什么？

答：地方各级人大是地方国家权力机关，县级以上的地方各级人大设立常务委员会。县级以上的地方各级人大常委会是本级人民代表大会的常设机关，对本级人大负责并报告工作。地方各级人大和县级以上地方各级人大常委会，在本行政区域内，保证宪法、法律、行政法规的遵守和执行。为此，国家安全法第四十条第一款规定："地方各级人民代表大会和县级以上地方各级人民代表大会常务委员会在本行政区域内，保证国家安全法律法规的遵守和执行。"履行上述职责的主要方式：一是制定地方性法规。宪法和立法法规定，为执行法律、行政法规的规定，需要根据本行政区域的实际情况作具体规定的事项，省、自治区、直辖市的人大及其常委会根据本行政区域的具体情况和实际需要，在不同宪法、法律、行政法规相抵触的前提下，可以制定地方性法规。设区的市、自治州的人大及其常委会根据本市的具体情况和实际需要，在不同宪法、法律、行政法规和本省、自治区的地方性法规相抵触的前提下，可以对城乡建设与管理、环境保护、历史文化保护等方面的事项制定地方性法规。为维护本地区国家安全的需要，实践中一些地方制定了相关地方性法规，如为实施兵役法制定了征兵工作条例等。二是行使重大事项的决定权。县级以上地方各级人大及其常委会有权讨论、决定本行政区域内的政治、经济、教育、科学、文化、卫生、环境和资源保护、民政、民族等工作的重大事项。三是行使监督权。如听取和审议人民政府、人民法院和人民检察院的专项工作报告；审查和批准决算，听取和审议国民经济和社会发展计划、预算的执行情况报告，听取和审议审计工作报告；法律法规实施情况的检查；规范性文件的备案审查，特定问题调查等等。如突发事件应对法规定，县级以上人民政府作出应对突发事件的决定、命令，应当报本级人大常委会备案；突发事件应急处置工作结束后，应当向本级人大常委会作出专项工作报告。

37. 地方各级人民政府在维护国家安全中的主要职责是什么？

答：地方各级人民政府是地方各级人民代表大会的执行机关，是地方各级国家行政机关，对本级人大及其常委会和上一级国家行政机关负责并报告工作；地方各级人民政府都是国务院统一领导下的国家行政机关，都服从国务院。维护国家安全也是地方人民政府的重要职责。为此，国家安全法第四十条第二款规定："地方各级人民政府依照法律法规规定管理本行政区域内的国家安全工作。"地方各级人民政府包括省、自治区、直辖市、自治州、县、自治县、市、市辖区、乡、民族乡、镇的人民政府。根据宪法和地方组织法规定，县级以上的地方各级人民政府执行本级人大及其常委会的决议，以及上级国家行政机关的决定和命令，规定行政措施，发布决定和命令；乡、民族乡、镇的人民政府执行本级人大的决议和上级国家行政机关的决定和命令，发布决定和命令。各级地方人民政府依照法律规定的权限，管理本行政区域内的经济、教育、科学、文化、卫生、体育事业、环境和资源保护、城乡建设事业和财政、民政、公安、民族事务、司法行政、监察、计划生育等行政工作。地方各级人民政府管理本行政区域内的国家安全工作要依照法律法规进行，这里"法规"既包括国务院制定的行政法规，也包括地方人大及其常委会制定的地方性法规。

另外，国家安全法第四十条第三款规定："香港特别行政区、澳门特别行政区应当履行维护国家安全的责任。"香港、澳门两个特别行政区作为中华人民共和国不可分离的部分，是直辖于中央人民政府享有高度自治权的地方行政区域，都有维护国家安全的责任。

38. 人民法院在维护国家安全中的主要职责是什么？

答：人民法院是国家的审判机关，依照法律规定独立行使审判权。人民法院在依法惩治危害国家安全的犯罪方面负有重要职责。为此，国家安全法第四十一条中规定，人民法院依照法律规定行使审判权，惩治危害国家安全的犯罪。

（1）人民法院代表国家行使审判权。人民法院代表国家、以国家的名义行使审判权，是法律范围内各种矛盾和纠纷可以诉诸解决的终局机构。人民法院作出的判决，具有最高的权威性，并由国家强制力来保证执行。根据法律规定，人民法院的任务是，依照法律规定的程序，通过行使审判权，惩办犯罪分子，解决民事纠纷、经济纠纷和行政纠纷，以保卫人民民主专政的制度，维护社会秩序，保护社会主义公共财产，保护公民个人的合法财产，保护公民的人身权利、民主权利和其他权利，保障社会主义现代化建设事业的顺利进行。危害国家安全的犯罪属于严重的刑事犯罪，人民法院对此予以惩治时，行使的是刑事审判权。

（2）惩治危害国家安全的犯罪。我国刑法中的危害国家安全罪，是指故意危害中华人民共和国国家安全的行为。主要罪名有：背叛国家罪，分裂国家罪，煽动分裂国家罪，武装叛乱、暴乱罪，颠覆国家政权罪，煽动颠覆国家政权罪，资助危害国家安全犯罪活动罪，投敌叛变罪，叛逃罪，间谍罪，为境外窃取、刺探、收买、非法提供国家秘密、情报罪，资敌罪。人民法院在审判中，根据犯罪嫌疑人罪行的轻重，可以被判处没收财产、剥夺政治权利、驱逐出境、拘役、管制、有期徒刑、无期徒刑、死刑等刑罚。

39. 人民检察院在维护国家安全中的主要职责是什么？

答：人民检察院是国家的法律监督机关，依照法律规定独立行使检察权。人民检察院在依法惩治危害国家安全的犯罪方面负有重要职责。为此，国家安全法第四十一条中规定，人民检察院依照法律规定行使检察权，惩治危害国家安全的犯罪。

根据人民检察院组织法、刑事诉讼法等法律的规定，各级人民检察院行使下列职权：一是，对于叛国案、分裂国家案以及严重破坏国家的政策、法律、法令、政令统一实施的重大犯罪案件，行使检察权。二是，对于直接受理的刑事案件，进行侦查。三是，对于公安机关侦查的案件，进行审查，决定是否逮捕、起诉或者免予起诉；对于公安机关的侦查活动是否合法，实行监督。四是，对于刑事案件提起公诉，支持公诉；对于人民法院的审判活动是否合法，实行监督。五是，对于刑事案件判决、裁定的执行和监狱、看守所、劳动改造机关的活动是否合法，实行监督。

40. 国家安全机关、公安机关在维护国家安全中的主要职责是什么？

答：国家安全机关和公安机关是维护国家安全的专门机关，在维护国家安全方面负有重要职责。根据刑事诉讼法规定，对刑事案件的侦查、拘留、执行逮捕、预审，由公安机关负责；国家安全机关依照法律规定，办理危害国家安全的刑事案件，行使与公安机关相同的职权。为此，国家安全法第四十二条第一款规定："国家安全机关、公安机关依法搜集涉及国家安全的情报信息，在国家安全工作中依法行使侦查、拘留、预审和执行逮捕以及法律规定的其他职权。"

（1）依法搜集涉及国家安全的情报信息。情报工作是维护国家安全的重要方面，也是国家安全工作的重要组成部分。宪法和法律赋予国家安全机关、公安机关和有关军事机关开展搜集情报信息等维护国家安全专门工作的职责，既是庄严的法律授权性的保障，也是对依法规范行使职权的必然要求。

（2）在国家安全工作中依法行使侦查、拘留、预审和执行逮捕的职责以及法律规定的其他职权。"侦查"是指专门机关在办理刑事案件的过程中，依照刑事诉讼法规定的程序进行的专门调查工作，以及与之相关的强制性措施。"拘留"是指刑事拘留，即专门机关为了及时制止正在进行的犯罪，抓获现行犯罪分子和重大嫌疑分子，阻止犯罪危害延续，尽量消除犯罪后果，及时取得罪证查明案情，根据刑事诉讼法，在紧急情况下对现行犯或者重大嫌疑分子依法限制其人身自由的强制性措施。"预审"是指专门机关为准确认定犯罪、惩罚犯罪，保证刑事诉讼活动的正常进行，对侦查中收集、调取的各种证据材料予以核实。"执行逮捕"是指经过人民检察院批准逮捕或者人民法院决定逮捕，由专门机关对犯罪嫌疑人、被告人实施逮捕。法律规定的其他职权是指专门机关根据其他法律规定，在履行维护国家安全职责时，可以依法行使的职权。

41. 有关军事机关在维护国家安全中的主要职责是什么？

答：中华人民共和国的武装力量的任务是巩固国防，抵抗侵略，保卫祖国，保卫人民的和平劳动等，这决定了有关军事机关在维护国家安全工作中的重要作用。为此，国家安全法第四十二条第二款规定："有关军事机关在国家安全工作中依法行使相关职权。"

根据刑事诉讼法规定，军队保卫部门对军队内部发生的刑事案件行使侦查权，军队保卫部门办理刑事案件，适用刑事诉讼法的有关规定。根据上述规定，军队保卫部门在国家安全工作中依法行使侦查、拘留、预审和执行逮捕以及法律规定的其他职权。

本法规定的有关军事机关，包括但不限于军队保卫部门，按照有关法律、军事法规规定，有关军事机关还负有依法搜集涉及国家安全的情报信息等职责，军事审判机关、检察机关负有依法惩治军人犯罪的职责。

42. 国家机关及其工作人员在维护国家安全中的主要职责是什么？

答：国家机关及其工作人员是维护国家安全的坚定力量。国家安全法对全国人大及其常委会、国家主席、国务院、中央军委以及其他国家机关各部门和地方在维护国家安全工作中的职责作了规定。按照宪法和法律规定，国家机关负有制定和实施维护国家安全的法律法规和方针政策，负有预防和处置危害国家安全事件，依法打击和惩治危害国家安全的违法犯罪等重要职责，必须坚决贯彻执行中央重大决策部署，不断提高国家安全工作法治化水平。为此，国家安全法第四十三条规定："国家机关及其工作人员在履行职责时，应当贯彻维护国家安全的原则。""国家机关及其工作人员在国家安全工作和涉及国家安全活动中，应当严格依法履行职责，不得超越职权、滥用职权，不得侵犯个人和组织的合法权益。"

（1）贯彻维护国家安全的原则。就是要求国家机关及其工作人员，要在各项工作中贯彻以下要求：一是坚持党对国家安全工作的领导，坚持总体国家安全观为指导，走中国特色国家安全道路。二是坚持法治人权原则，统筹兼顾原则，标本兼治、专群结合原则，共同安全原则。三是采取有效措施贯彻实施国家安全战略。四是，认真履行维护国家安全的各项职责，完成维护国家安全的各项任务，加强维护国家安全的制度机制建设，不断增强维护国家安全的能力。

（2）严格依法履行职责。一切国家机关及其工作人员，都必须遵守宪法和法律，都要自觉在宪法和法律范围内开展国家安全工作和活动，严格依照法定权限和程序行使权力、履行职责，既不能超越职权，也不能滥用职权，不得侵犯个人和组织的合法权益。一切违反宪法和法律的行为，必须予以追究。

43. 国家安全制度与工作机制的基本要求和目标是什么？

答： 维护国家安全，依靠国家安全制度与工作机制来支撑。国家安全法以法律的形式确立了建立集中统一、高效权威的国家安全领导体制，明确了中央国家安全领导机构的职责定位。要保证这一新的领导体制正常运转，发挥中央国家安全领导机构在维护国家安全工作中的职能作用，有必要明确其开展工作的相关制度和机制。为此，国家安全法第四十四条规定："中央国家安全领导机构实行统分结合、协调高效的国家安全制度与工作机制。"

（1）"统分结合"是国家安全制度与工作机制的实体要求。所谓的"统"，是指统一、统筹。国家安全事权在中央，因此，国家安全工作必须高度集中，统于中央。中央通过国家安全领导机构实现对国家安全工作的统筹。所谓的"分"，是指在国家安全事务上,各责任主体分兵把口、各负其责。我国实行条块结合的行政管理体制,各部门对本系统业务(所谓"条")、各地区对本辖区事务(所谓"块"),负有领导或指导的职能,都是维护国家安全的责任主体,都负有维护国家安全的职责。

(2)"协调高效"是国家安全制度与工作机制的程序目标。"协调",是指协调行动。国家安全因素的复杂性,决定了国家安全工作牵一发而动全身,一旦国家安全危机出现或者次生、衍生灾害发生,需要有效动员各方力量,共享各方信息,调动各方资源,统筹协调,集中优势,形成合力,共同应对危机和灾害,切实维护国家安全。通过建立协调机制,可以防止各责任主体相互掣肘、产生内耗,确保在维护国家安全工作中能够协调一致、共同行动,调动一切能够调动的力量、资源,形成维护国家安全的合力。"高效",是指运转高效。国家安全工作的特殊性、重要性,要求相关部门必须做到信息灵敏、研判准确、决策果断、执行有力,否则就是错失良机,酿成大祸。从世界各国实践看,国家安全领导机构人员精干、层级紧缩,是国家安全体制机制运转高效的重要保证。

44. 什么是国家安全重点领域工作协调机制?

答: 国家安全工作涉及军事、外交、国防、情报、安全、内政、经济发展等众多部门,在工作中,常常因为部门利益化、情报信息沟通不畅、协调不力甚至相互掣肘等问题,而影响维护国家安全工作高效开展。因此,建立协调机制,将各责任主体相互配合、相互协作共同完成维护国家安全任务的方式予以制度化,对于确保顺利完成维护国家安全任务是十分必要的。为此,国家安全法第四十五条规定:"国家建立国家安全重点领域工作协调机制,统筹协调中央有关职能部门推进相关工作。"

(1)国家建立国家安全重点领域工作协调机制。所谓国家安全重点领域,主要是指那些对国家安全具有决定意义或重要影响的领域,一旦这些领域产生安全风险,将对我国的总体国家安全造成较大的冲击和影响。本法详细规定了各相关领域维护国家安全的任务,这些领域将成为当前和今后一段时期维护国家安全的重点,都有必要探索建立工作协调机制。当然,根据形势的发展,一些原来很突出的问题可能会逐渐淡化,而一些原来没有预见的风险可能会慢慢显现,维护国家安全的侧重点也会随着形势的发展而有所变化。

(2)统筹协调中央有关职能部门推进相关工作。本法规定的重点领域工作协调机制,是指中央有关职能部门之间建立的协调机制,协调的是中央有关部门之间的关系。中央有关部门在国家权力系统中处于顶层,往往在各自系统内对下都有指导、协调的职能,这些部门之间的关系协调好了,工作机制理顺了,实际上就是整个系统之间、部门之间工作机制理顺了,有利于消除掣肘,打通关节,形成合力。

45. 什么是国家安全工作督促检查和责任追究机制?

答: 督促检查工作是政府工作的重要组成部分,是政府全面履行职责的重要环节,是落实党和政府重大决策部署的重要保障。维护国家安全工作，在国家工作全局中有重要地位，各地区、各部门都要坚决贯彻中央重大决策部署，落实国家安全战略，因此有必要在国家安全工作中建立督促检查和责任追究机制。为此，国家安全法第四十六条规定："国家建立国家安全工作督促检查和责任追究机制，确保国家安全战略和重大部署贯彻落实。"

（1）督促检查工作制度。包括：一是限期报告制度。对上级部门部署的国家安全工作，有关地方和部门要认真贯彻落实并按时限报告办理情况。二是调查复核制度。对下级部门报告的贯彻落实情况，上级部门要针对重大事项进行实地调查复核。三是情况通报制度。对重大决策部署落实情况要适时通报，总结经验，交流推广，或指出问题，责成报告原因及改进意见。四是责任追究制度。发现存在失职渎职、违纪违法等情形，要及时将有关情况和线索移送监察机关立案调查，严肃追责。五是督查调研制度。围绕经济社会发展中的重点问题、难点问题、热点问题，上级部门主动深入基层调研，发现问题，查明原因，提出解决问题的对策、建议。督促检查和责任追究是相互关联的，责任追究是督促检查工作的重要环节，督促检查的效力要靠责任追究来体现。

（2）督促检查的内容。一是国家安全战略贯彻落实情况，二是国家安全重大部署贯彻落实情况。

46. 各部门、各地区贯彻实施国家安全战略的主要措施有哪些？

答：国家安全战略是对国家安全工作的顶层谋划，不仅包括国家安全战略的指导方针、中长期目标、重点领域的国家安全政策，而且包括工作任务和措施。认真贯彻实施国家安全战略，对于有效应对严峻复杂的国家安全形势，确保国家改革发展稳定具有十分重要的意义。为此，国家安全法第四十七条规定："各部门、各地区应当采取有效措施，贯彻实施国家安全战略。"

目前，各部门、各地区贯彻实施国家安全战略主要有以下方式：一是制定法律、法规、部门规章以及规范性文件。二是制定本领域、本系统的安全战略，细化目标、分解任务，使之更具针对性和可操作性。三是制定工作计划或工作方案，列出进度表，明确责任人，组织人力物力财力予以贯彻落实。这是大多数部门和地区贯彻落实国家安全战略的方式。

47. 什么是国家安全重大事项跨部门会商工作机制？

答：开展工作会商，是国家机关工作常用的工作机制，凡是遇有需要与其他部门、地区协商解决或共同研究的问题，一般都会采取会商的方式。国家安全工作涉及面广，往往牵扯不同部门和地区，建立有效的会商机制，对于提高工作效率，形成各部门各地区维护国家安全的合力十分必要。为此，国家安全法第四十八条规定："国家根据维护国家安全工作需要，建立跨部门会商工作机制，就维护国家安全工作的重大事项进行会商研判，提出意见和建议。"

（1）国家根据维护国家安全工作需要，建立跨部门会商工作机制。这一制度并不要求在维护国家安全工作上一律都建立跨部门会商工作机制，而是提出，如果为了开展工作有会商需求，那么就可以建立会商机制。会商的形式比较多，一是根据会商举行的时间，可以分为定期会商和不定期会商。定期会商可以根据需要，确定月度会商、季度会商、半年会商或者年度会商等；不定期会商带有临时决定的性质，用于遇有重大突发情况或重大事项，等不及下次定期会商的举行，只能临时决定增加一次会商。实践中，会商机制一般实行定期会商和不定期会商相结合的方式。二是根据会商的主题，可以分为例行会商和专题会商。此外，还可以按照参加会商的对象的层级来进行划分，比如高层会商、中层会商、基层会商等。

（2）就维护国家安全工作的重大事项进行会商研判，提出意见和建议。这里的"国家安全重大事项"是指对国家安全有或可能产生重大影响的事项，包括对某一个阶段或某一个时期对国家安全形势的评估，对国家安全风险的预警，国家安全危机的应对和管控，维护国家安全的体制机制建设，国家安全能力建设，国家安全保障体系建设，以及国家安全重大工作部署、资源配置、力量摆布等。关于本条规定的"部门"，包括中央有关职能部门和地方有关职能部门。这里的"会商研判"包括"会商"和"研判"两层含义。目的是使各部门形成共识、达成一致，最终形成可行意见。会商研判应当以宪法法律为依据，以客观事实为准绳，同时坚持民主决策、科学决策。

48. 什么是国家安全协同联动机制？

答：我国国家安全体制机制总体是好的，但也存在国家安全资源和力量分散、配置不合理，统筹协调不够等问题。因此，需要打破中央与地方之间、部门之间、军地之间、地区之间的壁垒，使各部门各地区既各司其职、各负其责，又密切配合、通力合作，在应对重大国家安全危机上，步调一致、上下贯通、无缝对接、协同推进，形成维护国家安全的整体合力。为此，国家安全法第四十九条规定："国家建立中央与地方之间、部门之间、军地之间以及地区之间关于国家安全的协同联动机制。"

协同，是指国家为使中央与地方之间、部门之间、军地之间、地方之间，能分工合作、协同一致地开展维护国家安全工作所进行的各类活动。协同的作用在于，使得每一个具有维护国家安全职能的部门、人员和其他参与主体都能成为国家安全工作的一部分，从而保证整个国家安全工作体系有条不紊和井然有序地运行。

联动，是指国家安全工作各参与主体联合行动、步调一致、互相配合，以实现共同的维护国家安全的目标。协同的目的是为了联动，协同是过程和手段，联动是目的和结果。

目前，不少部门之间建立了协同联动机制，如社会治安形势分析研判联席会议制度、境外中国公民和机构安全保护工作部际联席会议制度、外国投资者并购境内企业安全审查部际联席会议、信访联席会议制度、环境保护部际联席会议、融资性担保业务监管部际联席会议制度等等。军地之间也已建立了军地联席会议机制。

49. 什么是国家安全决策咨询机制？

答： 国家安全作为治国理政的头等大事，关乎国家治理体系和治理能力现代化建设，关乎伟大复兴中国梦的实现，建立健全国家安全领域的决策咨询机制，提升国家安全决策的科学化水平，既是国家安全形势发展的客观需要，也是国家安全工作自身规律的必然要求。为此，国家安全法第五十条规定："国家建立国家安全决策咨询机制，组织专家和有关方面开展对国家安全形势的分析研判，推进国家安全的科学决策。"

党和政府历来高度重视决策咨询工作。2015年，中共中央办公厅、国务院办公厅印发了《关于加强中国特色新型智库建设的意见》，为进一步完善决策咨询制度提供了重要智力支撑。加强国家安全领域决策咨询机制建设，关键是把握好以下几个方面：一是坚持中国共产党的领导，坚持中国特色社会主义方向，遵守国家宪法法律法规，始终以维护国家利益和人民利益为根本出发点，立足我国国情，充分体现中国特色。二是坚持围绕大局，服务中心工作。紧紧围绕党和政府决策急需的重大课题，围绕维护国家安全的重大任务，开展前瞻性、针对性、储备性政策研究，提出专业化、建设性、切实管用的政策建议，着力提高综合研判和战略谋划能力。三是坚持科学精神，鼓励大胆探索。坚持求真务实，理论联系实际，强化问题意识，提倡不同学术观点、不同政策建议的切磋争鸣、平等讨论，积极建言献策，创造有利于专家学者和智库发挥作用、积极健康向上的良好环境。

50. 我国建立了什么样的维护国家安全工作的情报信息制度？

答：情报信息是国家安全工作的重要组成部分之一。情报信息在维护国家安全和利益工作中，发挥着不可替代的重要作用。近年来，随着全面依法治国的不断推进，迫切需要以法律的形式对情报工作的方法、机制、内容进行规定，加强情报信息会商和共享，推动信息的高效传递和利用，为建立健全有关工作机制提供法律依据和保障。为此，国家安全法第五十一条规定："国家健全统一归口、反应灵敏、准确高效、运转顺畅的情报信息收集、研判和使用制度，建立情报信息工作协调机制，实现情报信息的及时收集、准确研判、有效使用和共享。"

（1）国家健全统一归口、反应灵敏、准确高效、运转顺畅的情报信息收集、研判和使用制度。

"统一归口"主要是指情报信息工作要坚持统一领导、归口管理，不断加强情报信息工作的系统性、科学性、全面性、集成性。

"反应灵敏"主要是指情报信息的收集、研判、使用，要紧紧围绕维护国家安全的实际需要，特别是对于时效性要求较高的重大突发事件的情报信息，要根据维护国家安全的需要，作出及时反应，为开展相关处置工作提供情报信息支持和参考。

"准确高效"主要是指情报信息具有很强的客观性、时效性，收集、研判情报信息的过程中，要保证情报信息内容的准确性和流转的效率，确保情报信息及时有效地发挥作用，不得迟报、漏报、瞒报、谎报。

"运转顺畅"主要是指情报信息工作在运转过程中要尊重客观规律，形成并不断完善情报信息顺畅流转的制度机制。

（2）关于建立情报信息工作协调机制，实现情报信息的及时收集、准确研判、有效使用和共享。目前，作为维护国家安全的专门机关，国家安全机关、公安机关、有关军事机关根据职责分工，依法搜集涉及国家安全的情报信息，为维护国家安全、主权和发展利益服务。同时，中央国家机关各部门在依法履行职责过程中，要及时上报工作获取的涉及国家安全的信息。建立情报信息工作协调机制，就是要把各种渠道收集来的情报信息，通过协调机制，达到互通有无、各取所需，又能通盘掌握情报信息，综合开展研判，确保及时、准确和共享利用情报信息。

51. 国家安全机关、公安机关、有关军事机关在搜集情报信息工作中的职责分工是什么？

答：不同的国家机关有不同的职责定位。在收集涉及国家安全的情报信息方面，也要按照职责分工依法开展。情报信息往往在内容上涉及不同安全领域，但就某一个安全领域而言，由不同机关收集更具有专业性。因此，为了避免在情报信息收集方面打乱仗，浪费有限的国家资源，法律有必要对情报信息收集的分工提出要求。为此，国家安全法第五十二条规定："国家安全机关、公安机关、有关军事机关根据职责分工，依法搜集涉及国家安全的情报信息。""国家机关各部门在履行职责过程中,对于获取的涉及国家安全的有关信息应当及时上报。"

(1) 国家安全专门机关要根据职责分工,依法搜集涉及国家安全的情报信息。"根据职责分工"是指国家安全机关、公安机关和有关军事机关要按照有关法律法规和文件确定的职责分工,在本部门职责范围内,开展情报工作。比如,国家安全机关主要对外搜集涉及国家安全的情报信息,公安机关主要负责搜集国内涉及国家安全的情报信息,有关军事机关主要搜集有关军事方面涉及国家安全的情报信息。"依法搜集"是指搜集情报信息的活动,要严格依照法律规定的范围和权限开展,特别是在使用专门手段开展工作,要履行严格的批准手续。

(2) 各部门要及时上报获取的涉及国家安全的信息。国家安全工作涉及众多领域和部门,国家机关各部门履行职责的过程,会获取、掌握与国家安全各领域有关的信息。这一款规定,并不是要求各部门都同本条第一款规定的专门机关一样,开展搜集情报信息的专门工作,而是要求各国家机关及其工作人员在履行职责时,应当强化国家安全意识,贯彻维护国家安全的原则,及时关注、掌握本领域涉及国家安全的情况并及时上报,以便实现情报信息的及时收集、准确研判、有效使用和共享,切实维护各领域国家安全和利益。

52. 开展情报信息工作的原则是什么?

答:情报信息是一种重要的战略资源,各国都会采取各种保密措施加以维护，防止泄露。传统收集情报信息的手段主要是靠人力，随着科技进步，运用科技手段获取和分析情报信息日益得到各国重视。为此，国家安全法第五十三条规定："开展情报信息工作，应当充分运用现代科学技术手段，加强对情报信息的鉴别、筛选、综合和研判分析。"

（1）开展情报信息工作，要充分运用现代科学技术作为获取情报信息的手段。随着电子化、信息化技术的迅猛发展，无人机、侦查卫星、信息技术等也迅速被广泛应用于情报信息领域，特别是随着信息处理和通信技术取得的巨大发展和进步，信息时代已经到来，对开展情报信息工作产生了重大的影响。可以说，每一次科学技术的重大革新和突破，都带来人力搜集和技术获取情报信息的更深层次的有机结合，并带来情报信息工作深度和广度的重大变革和拓展。因此，在情报信息获取方面要大力发展并广泛使用高科技手段，推动情报信息获取工作高效快捷开展。

（2）在情报信息的鉴别、筛选、综合和研判分析过程中，要充分运用现代科学技术手段。情报信息不仅包括情报信息专门机关获取和有关部门上报的"原始资料"，还包括后续的分析评估及其运用。充分运用现代科学技术手段，不仅可以提高情报信息的传播和使用速度，缩短情报信息从产生到运用的时间，提高效率和传播水平，更有效地满足维护国家安全对情报信息的需要，而且可以更加有效地实现情报信息和比对、筛选和整合，充分发挥情报信息对于维护国家安全的重要保障作用。

（3）加强对情报信息的鉴别、筛选、综合和研判分析。

"鉴别"主要是指对情报信息的真实性、客观性进行分析判断，去伪存真；"筛选"主要是指按照情报信息所服务的目标，对情报信息进行精选的过程，去粗取精；"综合"主要是指将不同来源、不同角度的情报信息进行有机加工和整合，由此及彼，形成一个新的整体，使反映的情况更客观、更全面；"研判"主要是指对情报信息反映的情况进行研究判断，由表及里，提炼出情报信息最本质最核心的内容，形成情报信息产品。

53. 报送情报信息应当遵循什么要求？

答：情报信息的报送是连接情报信息收集与使用的关键环节，只有保证情报信息报送的及时、准确、客观，才能确保情报信息在维护国家安全工作中发挥应有的重要作用。为此，国家安全法第五十四条规定："情报信息的报送应当及时、准确、客观，不得迟报、漏报、瞒报和谎报。"

（1）报送情报信息要及时、准确、客观。"及时"是指立刻、马上，迅速地、毫不耽误地报送情报信息。情报信息报送的及时性是指获取情报与报送情报之间的时间差，即情报信息产生应有效果的时距限度，时间差越短，则时效性越强。"准确"是指情报信息要严格符合事实、标准或真实情况。"客观"是指实事求是。情报信息本质上是人的主观对客观事实、趋势的认识，因此应当尽最大限度接近客观真实情况。客观是准确的前提，准确、客观是情报信息工作的基本原则，也是其生命力所在。

（2）不得迟报、漏报、瞒报和谎报情报信息。"迟报"是指应当及时报送而没有及时报送；"漏报"是指在报送情报信息过程中，对已经获取的情报信息，没有按照规定上报；"瞒报"是指对已经获取的情报信息，故意隐瞒不报；"谎报"是指故意报送虚假、不真实、不客观的情报信息。

无论是情报工作专门机关还是其他有关部门，在获取情报信息后，都要及时、准确、客观报送，不得迟报、漏报、瞒报、谎报。

54. 制定完善国家安全风险预案应把握什么要求？

答：建立健全国家安全风险预案制度，有利于未雨绸缪，及时、准确地识别危害国家安全的各类风险，做到各领域国家安全风险了然于胸、应付裕如，处置各类国家安全风险有章可循、有条不紊，以体系化、精准化的应对预案制度，将安全风险尽量消弭于萌芽状态，防止国家安全风险的扩大升级，避免工作中出现紧张忙乱、顾此失彼等问题，最大限度地降低国家安全风险的危害程度以及管控这些风险的成本。为此，国家安全法第五十五条规定："国家制定完善应对各领域国家安全风险预案。"

制定完善应对国家安全风险预案，必须以总体国家安全观为指导，统筹维护各领域国家安全风险，具体应当注意把握以下几个方面：

一是始终以总体国家安全观为根本遵循，统筹兼顾、综合施策，构建有效应对各领域国家安全风险的预案体系。

二是始终坚持中国共产党的领导，准确领会中央国家安全领导机构的决策部署精神，严格贯彻国家安全战略的指导方针，根据国家安全形势发展变化和现实任务需求制定并不断完善风险预案。

三是始终树立大局意识、忧患意识，坚持预防为主、标本兼治，密切跟踪掌握国家安全风险动态，及时转换国家安全工作重心，同时通过精心组织模拟演练不断发现问题、纠正不足，定期充实调整各领域风险预案。

四是各地区各部门要在中央国家安全领导机构的统一领导下，根据维护国家安全的任务要求和职责规定，根据本地区本部门国家安全风险的实际情况制定完善风险预案，防止照搬照抄上级预案。

55．国家安全风险评估机制的主要内容是什么？

答：及时、准确、严谨、科学的风险评估，是辅助国家安全决策指导、做好维护各领域国家安全工作的基础。建立国家安全风险评估机制，对于有效预防和化解国家安全风险，管控国家安全危机，建立健全国家安全保障制度，都是至关重要的。为此，国家安全法第五十六条规定："国家建立国家安全风险评估机制，定期开展各领域国家安全风险调查评估。""有关部门应当定期向中央国家安全领导机构提交国家安全风险评估报告。"

建立国家安全风险评估机制的主要目的是，保证中央国家安全领导机构全面、准确掌握各领域国家安全风险评估情况，并根据汇总的风险评估报告综合研判、统筹协调、科学决策。具体要求是：

一是根据维护国家安全的现实需求，定期组织开展实地调查研究，全面收集整理与政治、国土、军事、经济、文化、社会、科技、网络信息、生态、核等各领域国家安全风险相关的信息，并运用科学方法就这些风险的危害性和发展态势进行全面细致的评估。

二是注重发挥专业机构、专业人员和有关专家学者的作用，确保评估方法科学严谨、评估结果全面准确。

三是按照中央国家安全领导机构的统一部署和要求，以及各部门承担的维护国家安全的具体职责，认真组织开展国家安全风险评估工作，定期提交高质量的国家安全风险评估报告。

56. 国家安全风险监测预警制度的主要内容是什么？

答：监测是准确预警和有效管控风险和危机的前提。各领域的国家安全风险，孳生原因和发展态势各有不同，各级人民政府及其有关部门必须及时跟踪掌握有关信息，根据风险的种类和特点，通过精细划分监测区域和确定监测项目，建立起常态化、动态化的监测体系，才有可能实现对国家安全风险的实时监测，为有效防范、化解和管控风险打下基础。为此，国家安全法第五十七条规定："国家健全国家安全风险监测预警制度，根据国家安全风险程度，及时发布相应风险预警。"

建立国家安全风险监测预警制度的主要目的是，在各领域国家安全风险发生蔓延并造成现实危害之前，根据以往总结的规律或监测得到的可能性前兆，向有关部门和社会发出紧急信号、报告危险情况，以便及时采取有效措施应对安全风险，避免国家重大利益因应对准备不足而造成损失。具体要求是：

一是及时跟踪掌握国家安全有关信息，根据风险的种类和特点，通过精细划分监测区域和确定监测项目，探索建立起国家安全风险常态化、动态化的监测体系。

二是从制度建设入手，明确机构人员，细化任务分工，同时配备专业设备设施，形成上下衔接、实时共享、效能统一的监测网络。

三是预警发布之后，有关人民政府及其相关部门根据国家安全风险的特点以及可能造成的危害，启动国家安全风险应对预案，调集负有特定职责的人员进入待命状态，做好应对处置准备，加强安全保卫，及时向社会公众发布信息、提供建议，消除公众恐慌情绪，防止不实信息传播蔓延。

同时，预警信息发布单位要密切跟踪监测国家安全风险发展变化，根据具体情况适时调整预警级别，并将调整结果及时通报相关部门和社会公众，以便对应急响应级别作出调整。

57. 报告危害国家安全事件有什么要求？

答：地方各级人民政府依法管理本行政区域内的国家安全工作，对于可能即将发生或者已经发生的危害国家安全的事件，要依法开展处置工作。同时，为避免事态扩大，有效遏制危害蔓延，县级以上地方人民政府及其有关主管部门要依职责、依程序向上级报告，便于上级人民政府和有关部门组织力量开展应急处置，进行指导。为此，国家安全法第五十八条规定："对可能即将发生或者已经发生的危害国家安全的事件，县级以上地方人民政府及其有关主管部门应当立即按照规定向上一级人民政府及其有关主管部门报告，必要时可以越级上报。"

目前，国家建立了统一领导、综合协调、分类管理、分级负责、属地管理为主的应急管理体制。按照这一体制上的工作要求，县级以上地方人民政府及其有关主管部门，对即将发生或者已经发生的危害国家安全的事件，要立即按照规定向上一级人民政府及其有关主管部门报告。如果事态特别紧急严重，必要时可以越级上报。报告的主要内容包括：一是事件的性质、起因、危害程度和发展态势；二是已经采取的先期处置措施；三是拟采取的处置方案；四是请求上级批准的重大事项等。

58. 我国国家安全审查和监管的事项范围是什么？

答：建立国家安全审查和监管制度，是从源头上预防和化解国家安全风险的重要举措，是国际上的通行做法。我国在实施依法治国、建设社会主义法治国家进程中，比较早地注意到依法开展国家安全审查，在对外贸易法等法律法规和规定中已有明确规定，都有章可循。但总的来看，我国对国家安全审查和监管还缺乏统一规范和顶层制度设计，立法层次相对偏低，有的领域审查监管制度仍然存在空白，对已经建立的安全审查监督机制，也要随着实践的发展不断完善，进一步明确有关部门和地方的责任。为此，国家安全法第五十九条规定："国家建立国家安全审查和监管的制度和机制，对影响或者可能影响国家安全的外商投资、特定物项和关键技术、网络信息技术产品和服务、涉及国家安全事项的建设项目，以及其他重大事项和活动，进行国家安全审查，有效预防和化解国家安全风险。"

（1）外商投资安全审查。一是建立外国投资者并购境内企业安全审查制度。外资并购安全审查范围包括：外国投资者并购境内军工及军工配套企业，重点、敏感军事设施周边企业，以及关系国防安全的其他单位；外国投资者并购境内关系国家安全的重要农产品、重要能源和资源、重要基础设施、重要运输服务、关键技术、重大装备制造等企业，且实际控制权可能被外国投资者取得。二是自由贸易试验区外商投资国家安全审查。对影响或可能影响国家安全、国家安全保障能力，涉及敏感投资主体、敏感并购对象、敏感行业、敏感技术、敏感地域的外商投资进行安全审查。安全审查范围是：外国投资者在自贸试验区内投资军工、军工配套和其他关系国防安全的领域，以及重点、敏感军事设施周边地域；外国投资者在自贸试验区内投资关系国家安全的重要农产品、重要能源和资源、重要基础设施、重要运输服务、重要文化、重要信息技术产品和服务、关键技术、重大装备制造等领域，并取得所投资企业的实际控制权。

（2）特定物项和关键技术安全审查。根据相关法律、行政法规规定，特定物项和关键技术包括"核材料、核设备和反应堆用非核材料等物项及其相关技术"、"核两用品及相关技术"、"生物两用品及相关设备和技术"、"导弹及相关物项和技术"、

"有关化学品及相关设备和技术"，以及"用于军事目的的装备、专用生产设备及其他物资、技术和有关服务"，等等。

（3）网络信息技术产品和服务安全审查。网络安全审查制度，对关系国家安全和公共利益的系统使用的重要的网络信息技术产品和服务，进行测试评估、检测分析、持续监督。网络安全审查制度对进入中国市场的重要信息技术产品及其提供者都将进行安全审查，重点是产品安全性和可控性，防止产品提供者借助提供产品之便，非法控制、干扰、中断用户系统，非法收集、存储、处理和利用用户有关信息。对于审查不合格的产品和服务，不得在中国境内使用。

（4）涉及国家安全事项的建设项目安全审查。重要国家机关、军事设施、重点科研单位和军工单位的周边建设项目，出入境口岸、邮件和快件处理场所、电信枢纽等建设项目等，属于涉及国家安全事项的建设项目。国家安全机关依法对新建、改建、扩建的涉及国家安全事项的建设项目实施审批、监督管理。

（5）其他重大事项和活动安全审查。现实生活中，全球资源的稀缺性资源和产品出口、重要领域核心关键技术的自主知识产权转让、文化和意识形态领域活动等事项和活动，都会影响到我国的经济安全、资源安全、科技安全和文化安全，在这些领域也要根据需要适时建立国家安全审查制度。

59. 中央国家机关各部门在国家安全审查和监管中的职责是什么？

答：纳入国家安全审查的事项和活动，都是影响或者可能影响国家安全比较重大的事项和活动,中央国家机关各部门要依照法律、行政法规规定的权限和程序,各司其职、相互配合,履行好国家安全审查的职责。为此,国家安全法第六十条规定:"中央国家机关各部门依照法律、行政法规行使国家安全审查职责,依法作出国家安全审查决定或者提出安全审查意见并监督执行。"

(1) 中央国家机关各部门依照法律、行政法规行使国家安全审查职责。包含两层含义:一是中央国家机关各部门依法直接对涉及国家安全的事项作出审查决定。从目前国家安全审查的主体看,既有单个部门,也有由相关部门组成的跨部门协调机构。其一,在外商投资国家安全审查方面,由外国投资者并购境内企业安全审查部际联席会议具体承担。联席会议在国务院领导下,由国家发展改革委、商务部牵头,根据外商投资所涉及的行业和领域,会同相关部门开展安全审查。联席会议的主要职责是:分析外商投资对国家安全的影响;研究、协调外商投资国家安全审查工作中的重大问题;对需要进行安全审查的外商投资进行安全审查并作出决定。其二,在特定物项和关键技术的国家安全审查方面,国务院对外贸易主管部门主管全国货物进出口、技术进出口和国际服务贸易的对外贸易工作。涉及核两用品及相关技术出口,由商务部会同国家原子能机构或者会同国家原子能机构商有关部门,涉及外交政策的,并商外交部,进行安全审查。涉及出口导弹相关物项和技术,由国务院外经贸主管部门进行安全审查,或者会同国务院有关部门、中央军事委员会有关部门进行审查。涉及军品出口的,国家军品出口主管部门在国务院、中央军事委员会的领导下,主管全国的军品出口工作，对全国的军品出口实施监督管理。其三，在网络信息技术产品和服务方面的国家安全审查，主要由国家网络信息办公室、工业和信息化部等部门承担。其四，涉及国家安全事项的建设项目的审批，在中央层面实施机关为国家安全部。二是中央国家机关各部门通过明确有关审查标准和程序要求，领导或指导本系统的基层部门，依法对涉及国家安全的事项作出审查决定。

（2）中央国家机关各部门依法作出国家安全审查决定或者提出安全审查意见并监督执行。目前国家安全审查主要采取跨部门会审、联审等方式，审查的结果以书面审查决定或者审查意见、行政许可、强制认证等不同形式予以体现。现行法律、行政法规和规范性文件对国家安全审查的方式和程序作出了规定。中央国家机关有关部门要严格按照法律、行政法规规定的审查程序作出审查决定或者提出审查意见，对于审查决定和审查意见，有关部门、当事人都应当遵照执行，而履行审查职责的中央国家机关有关部门及协调机构也要加强对审查决定或者审查意见执行的监督。

60. 省、自治区、直辖市在国家安全审查和监管中的职责是什么？

答： 地方各级人民政府负有维护国家安全的职责，其中，依法进行国家安全审查和监管是一项重要职责。考虑到进行国家安全审查和监管涉及对外贸易，涉及对外关系，这一职责仅赋予省、自治区、直辖市一级人民政府和有关部门。为此，国家安全法第六十一条规定："省、自治区、直辖市依法负责本行政区域内有关国家安全审查和监管工作。"

（1）省、自治区、直辖市依法负责本行政区域内有关国家安全审查和监管工作。我国幅员辽阔，各地经济、社会、文化发展不尽相同，国家安全审查事项涉及的范围也比较广泛，因此，在开展具体审查工作中，不仅要严格把握标准、依法办事，也要紧密围绕地方实际，确保国家安全审查的科学性和实际效果。

（2）省、自治区、直辖市负责本行政区域内有关国家安全审查和监管工作，要依照法律规定和事权划分进行。依法应当由中央部门开展审查的，省、自治区、直辖市不能越权直接行使审查职责；依法应当有省、自治区、直辖市开展审查的，要有效实施法律规定，需要配合中央有关部门进行安全审查，要密切配合，切实履行审查和监督职责。

61. 国家建立什么样的国家安全危机管控制度？

答：建立健全国家安全危机管控制度，对于预警、防范、应对、掌控国家安全危机，能够起到更具全局性、稳定性和长期性的支撑作用。目前，我国法律法规对危机管控制度作出了一些规定。但是，从贯彻总体国家安全观、全面应对国家安全危机角度而言，现有法律规定还是较为零散，针对性不强，衔接不够紧密，特别是在制度设计上，存在一些需要改进的地方。为此，国家安全法第六十二条规定："国家建立统一领导、协同联动、有序高效的国家安全危机管控制度。"

具体来说，建立国家安全危机管控制度有三个要求：

一是"统一指挥"，就是国家安全危机管控要依法服从统一指挥，不能各部门、各地方各行其是，由中央国家安全领导机构或法律规定的领导机构，依法开展有关统一决策指挥工作，各部门、各地方要按照统一指挥，立足本部门职能和本地方实际，依法履行职责，形成维护国家安全的整体合力。

二是"协同联动"，就是各相关部门、相关地方在危机管控工作中要相互配合、密切协作，既注重相互协调配合，从全局、整体出发开展工作，又注重相互联系沟通，形成维护国家安全的有机整体。

三是"有序高效"，这是对整个危机管理流程的效率要求，是指应对国家安全危机和采取相应管控措施要符合有关法律法规和规范性文件、政策的流程和要求，有序开展，并注重效率，确保有关危机管控措施及时执行、落实到位，实现预期管控效果。

62. 中央有关部门和有关地方在发生危及国家安全的重大事件时应当如何应对？

答： 危及国家安全的重大事件，往往在一个领域或多个领域对国家安全造成重大伤害，直接影响国家的主权、安全和利益，影响经济社会发展和人民群众福祉。因而，应对好此类重大事件，关系重大，不可懈怠，必须要有一套成熟的制度机制和一系列有效管控措施。为此，国家安全法第六十三条规定："发生危及国家安全的重大事件，中央有关部门和有关地方根据中央国家安全领导机构的统一部署，依法启动应急预案，采取管控处置措施。"

（1）危机管控实行统一领导。一旦发生危及国家安全的重大事件，必须由中央国家安全领导机构对事件的应对和处置作出决策部署，并在事件处置过程中对有关重要事项进行统筹协调。这种统一领导的决策指挥体制，有利于中央全面准确研判安全危机的危害程度、影响范围等，有利于及时对危机作出迅速高效的反应，有利于统合力量、整合资源、协调一致管控危机。

（2）依法启动应急预案。应急预案，是指针对各类可能危及国家安全的重大事件，规定应对的基本原则、组织体系、运行机制，制定应急管理、指挥、救援等工作方案，并明确事前、事中、事后各个过程中相关部门和人员的职责。目前，我国已制定了总体应急预案、专项应急预案和部门应急预案，包括突发公共卫生事件、突发环境事件、重大食品安全事故、防汛抗旱、安全生产事故灾难、突发公共事件医疗卫生救援、地震应急、核应急、突发重大动物疫情等。这些应急预案制定后，各地区各部门有针对性地进行了培训、演练，具有很强的应急针对性，发生危及国家安全的重大事件，就要按照应急预案进行处置，才能有条不紊。

（3）采取管控处置措施。一是，对重大事件的发生地进行现场控制，或者对相关区域进行管制。二是，对相关人员人身或其活动进行控制。三是，实行紧急状态或者进入战争状态，采取特别处置措施，如实施戒严。

63. 发生危及国家安全的特别重大事件，国家可以决定进入哪些非常状态？作出决定的主体、权限是什么？

答：发生危及国家安全的特别重大事件时，国家可以采取宪法和法律规定的一般处置措施进行应对。当一般处置措施无法有效控制事态发展，需要国家采取特别处置措施时，国家可以决定进入紧急状态、战争状态或者进行全国总动员、局部动员。采取上述特别处置措施，往往会限制宪法和法律赋予公民和组织的权利和自由，也会增加公民和组织一般义务之外的特殊义务，如实施特殊的工作制度、实行宵禁、禁止集会游行示威、担负国防勤务等，必须谨慎使用，且只能由宪法和法律规定的有权机关作出决定并宣布。为此，国家安全法第六十四条规定："发生危及国家安全的特别重大事件，需要进入紧急状态、战争状态或者进行全国总动员、局部动员的，由全国人民代表大会、全国人民代表大会常务委员会或者国务院依照宪法和有关法律规定的权限和程序决定。"

（1）决定进入紧急状态。紧急状态分为两种：一种是全国或者个别省、自治区、直辖市进入紧急状态，由全国人大常委会作出决定，由国家主席根据全国人大常委会的决定宣布进入紧急状态。另一种是省、自治区、直辖市的范围内部分地区进入紧急状态，由国务院作出决定并宣布。

（2）决定进入战争状态。根据宪法规定，在全国人民代表大会闭会期间，如果遇到国家遭受武装侵犯或者必须履行国际间共同防止侵略的条约的情况，全国人大常委会决定战争状态的宣布，国家主席根据全国人大常委会的决定，宣布战争状态。

（3）决定进行全国总动员、局部动员。当国家的主权、统一、领土完整和安全遭受威胁时，全国人大常委会依照宪法和有关法律的规定，决定全国总动员或者局部动员。国家主席根据全国人大常委会的决定，发布动员令。

64. 在什么情况下，履行国家安全危机管控职责的有关机关依法有权采取限制公民和组织权利、增加公民和组织义务的特别措施？

答：我国是社会主义法治国家。维护国家安全，要遵守宪法和法律，尊重和保障人权，是各级国家机关及其工作人员必须遵循的重要原则。尽管法律对特定条件下，有关国家机关依法有权采取限制公民和组织权利、增加公民和组织义务的特别措施作了规定，但无论是适用条件还是适用依据规定的都不够全面。为此，国家安全法第六十五条规定："国家决定进入紧急状态、战争状态或者实施国防动员后，履行国家安全危机管控职责的有关机关依照法律规定或者全国人民代表大会常务委员会规定，有权采取限制公民和组织权利、增加公民和组织义务的特别措施。"

（1）适用采取特别措施的条件。国家安全法规定，只有在"国家决定进入紧急状态、战争状态或者实施国防动员后"这一法定条件出现时，履行国家安全危机管控职责的有关机关才可以依法采取特别措施。

95

（2）有权依法采取特别措施的是履行国家安全危机管控职责的有关机关。由于在不同情况下，履行国家安全危机管控职责的有关机关不同，法律也作了不同规定。如国防动员法规定，在全国或者部分省、自治区、直辖市实行特别措施，由国务院、中央军事委员会决定并组织实施；在省、自治区、直辖市范围内的部分地区实行特别措施，由国务院、中央军事委员会决定，由特别措施实施区域所在省、自治区、直辖市人民政府和同级军事机关组织实施。戒严法规定，全国或者个别省、自治区、直辖市的戒严，由国务院组织实施。省、自治区、直辖市的范围内部分地区的戒严，由省、自治区、直辖市人民政府组织实施；必要时，国务院可以直接组织实施。

（3）采取特别措施的依据。一是法律规定。二是全国人大常委会规定。

（4）采取限制公民和组织权利、增加公民和组织义务的特别措施。如，国防动员法规定，国家决定实施国防动员后，根据需要，可以依法在实施国防动员的区域采取的特别措施有：一是对金融、交通运输、邮政、电信、新闻出版、广播影视、信息网络、能源水源供应、医药卫生、食品和粮食供应、商业贸易等行业实行管制；二是对人员活动的区域、时间、方式以及物资、运载工具进出的区域进行必要的限制；三是在国家机关、社会团体和企业事业单位实行特殊工作制度；四是为武装力量优先提供各种交通保障；五是需要采取的其他特别措施。再如，戒严法规定，在发生严重危及国家的统一、安全或者社会公共安全的动乱、暴乱或者严重骚乱，不采取非常措施不足以维护社会秩序、保护人民的生命和财产安全的紧急状态时，国家可以决定实行戒严。实施戒严期间，戒严实施机关可以决定在戒严地区采取下列措施，并可以制定具体实施办法：一是禁止或者限制集会、游行、示威、街头讲演以及其他聚众活动；二是禁止罢工、罢市、罢课；三是实行新闻管制；四是实行通讯、邮政、电信管制；五是实行出境入境管制；六是禁止任何反对戒严的活动。此外，戒严法还规定，可以在戒严地区采取交通管制措施，限制人员进出交通管制区域，并对进出交通管制区域人员的证件、车辆、物品进行检查；可以对武器、弹药，管制刀具易燃易爆物品，化学危险物品、放射性物品、剧毒物品等物品采取特别管理措施；为保障戒严地区内的人民基本生活必需品的供应，戒严实施机关可以对基本生活必需品的生产、运输、供应、价格采取特别管理措施。

65. 履行国家安全危机管控职责的有关机关依法采取处置国家安全危机的管控措施时应当遵循什么原则？

答：国家安全法是我国国家安全领域的基本法律，它所规范的国家行为既包括行政机关的行为，也包括立法机关、司法机关和军事机关的行为。国家安全法关于"危机管控"的规定，赋予了履行国家安全危机管控职责的有关机关依法采取处置国家安全危机的管控措施的权力，解决了危机管控机关行使权力的合法性问题。但由于危机管控措施具有临时性、应急性和强制性，不可避免会对公民和组织的合法权益造成一定程度的损害。因此，有必要强调，在行使权力时要符合合理原则，作为合法原则的必要补充。为此，国家安全法第六十六条规定:"履行国家安全危机管控职责的有关机关依法采取处置国家安全危机的管控措施,应当与国家安全危机可能造成的危害的性质、程度和范围相适应;有多种措施可供选择的,应当选择有利于最大程度保护公民、组织权益的措施。"

(1)管控措施应当与国家安全危机可能造成的危害的性质、程度和范围相适应。这就要求采取管控措施的机关,应当在确保危机能够被管控的前提下,对所面临的国家安全危机加强情报收集和研判,分析其可能造成的危害,以及这种危害的性质、程度和范围。根据分析研判结果,采取相应的管控措施。比如,是决定全国或者部分省、自治区、直辖市进入紧急状态,还是决定省、自治区、直辖市范围内的部分地区进入紧急状态;是进行全国总动员还是进行局部动员;是采取一般管控措施还是采取特别措施等,要与国家安全危机造成的危害的性质、程度和范围相适应。

(2)有多种管控措施可供选择的,应当选择有利于最大程度保护公民、组织权益的措施。通常情况下,能用一般管控措施处置的,就尽量不采取特别措施;能用一种特别措施处置的,就尽量不采取多种特别措施;等等。

66. 关于对履行国家安全危机管控职责的有关机关报告和统一发布国家安全危机事件信息作了哪些规定?

答: 对国家安全危机的信息进行报告,贯穿于监测、预警、危机管控和恢复重建的全过程,是危机管控的决策、指挥机关正确评估、判断、组织处置国家安全危机的重要信息来源。国家安全危机信息发布，是组织、引导、动员社会力量有序进行预防、避险、自救、互救，参与恢复重建，避免谣言恐慌，接受公众监督的重要方式。为此，国家安全法第六十七条规定："国家健全国家安全危机的信息报告和发布机制。""国家安全危机事件发生后，履行国家安全危机管控职责的有关机关，应当按照规定准确、及时报告，并依法将有关国家安全危机事件发生、发展、管控处置及善后情况统一向社会发布。"

（1）国家健全国家安全危机的信息报告和发布机制。目前，国家已经在相关安全领域建立了国家安全危机的信息报告和发布机制，如突发事件应对法、防震减灾法等法律，对公民、组织、政府有关部门、国家安全危机事件发生地的地方人民政府的信息报告，以及有关国家机关归口发布国家安全危机信息的机制作了规定。还要根据实践发展，不断总结经验，进一步健全国家安全危机的信息报告和发布机制。

（2）履行国家安全危机管控职责的有关机关，应当按照规定准确、及时报告国家安全危机事件发生后的情况。实践中，有关机关一般在发现危机事件的第一时间上报初步信息，包括时间、地点、规模等，以便上级机关及时作出研判和启动应急预案；根据事态的发生和发展，结合开展工作情况，再通过续报的方式，报告事由、趋势、对策建议等，对初报的内容进行补充、修正，从而实现"准确、及时"报告的目标。

（3）履行国家安全危机管控职责的有关机关，应当依法将有关国家安全危机事件发生、发展、管控处置及善后情况统一向社会发布。一是明确信息发布实行归口管理，由履行国家安全危机管控职责的有关机关统一向社会发布。二是明确发布的信息包括国家安全危机事件发生、发展、管控处置及善后情况。三是发布信息要依法进行。信息发布前要进行保密审查，对不属于信息公开范围的内容不得公开发布。

67. 关于解除国家安全危机管控处置措施是如何规定的？

答：采取国家安全危机管控处置措施，是应对国家安全危机迫不得已采取的临时措施，不管是一般措施还是特别措施，都会对正常的社会秩序、生产生活秩序造成影响。为此，国家安全法第六十八条规定："国家安全威胁和危害得到控制或者消除后，应当及时解除管控处置措施，做好善后工作。"

（1）及时解除管控处置措施。一是，及时解除管控处置措施的前提是，国家安全威胁和危害得到控制或者是消除以后，没有必要再继续实施管控处置措施。二是，解除的管控处置措施，既包括依法采取的一般措施，也包括依法采取的特别措施。三是，解除管控处置措施要由有权作出决定的机关，依照法定权限和程序进行，并向社会公布。

（2）做好善后工作。危及国家安全的重大事件或者特别重大事件具有很强的破坏性，往往对正常的社会秩序、人民生活造成极大的干扰和破坏。当国家安全威胁和危害得到控制或者消除后，应当采取措施恢复与重建正常的生产、生活、工作和社会秩序。如突发事件应对法规定，突发事件应急处置工作结束后，履行统一领导职责的人民政府应当立即组织对突发事件造成的损失进行评估，组织受影响地区尽快恢复生产、生活、工作和社会秩序，制定恢复重建计划，并向上一级人民政府报告。受突发事件影响地区的人民政府应当及时组织和协调公安、交通、铁路、民航、邮电、建设等有关部门恢复社会治安秩序，尽快修复被损坏的交通、通信、供水、排水、供电、供气、供热等公共设施。

68. 国家安全保障体系包括哪些方面？

答：国家安全事关一国生存发展，世界各国都高度重视，一般都能确保其得到充分保障。长期以来，我国通过立法对国家安全保障措施作出了一些规定，已经基本形成国家安全保障体系。国家安全形势发展变化很快，要保障国家持续安全，必须不断增强维护国家安全的能力，国家安全保障措施是重要支撑。为此，国家安全法第六十九条规定："国家健全国家安全保障体系，增强维护国家安全的能力。"

国家安全法要健全的国家安全保障体系，主要包括法制保障、经费保障、物资保障、情报工作保障、科技保障、专门人才保障、专门工作手段保障以及宣传教育保障等。

69. 关于维护国家安全法律制度保障有什么规定？

答：国家安全立法是国家安全的基本法律保障，将国家安全立法作为维护国家安全的保障举措，是各国通行的做法。目前，我国涉及国家安全的法律法规达190多部，有法律、行政法规、地方性法规、地方政府规章和部门规章，已初步搭建起我国国家安全法律制度体系。但面对严峻复杂的国家安全形势，国家安全领域立法还不能适应形势发展需要。十八届四中全会决定提出，贯彻落实总体国家安全观，加快国家安全法治建设，抓紧出台反恐怖等一批急需法律，推进公共安全法治化，构建国家安全法律制度体系。这对新形势下加强国家安全立法提出了明确要求。为此，国家安全法第七十条规定："国家健全国家安全法律制度体系，推动国家安全法治建设。"

健全国家安全法律制度体系，依法维护国家安全，是一项管长远、管根本的基础性工作，对推进国家治理体系和治理能力现代化，实现党和国家长治久安具有十分重大的意义。国家安全法作为一部综合性、全局性、基础性的法律，在国家安全法律制度体系中起统领的作用，国家安全法规定的一些基本制度要靠若干法律和有关配套规定来落实。健全国家安全法律制度体系，推动国家安全法治建设，还要做好以下工作：

（1）全国人大常委会近年来加快了国家安全方面的立法步伐，已经制定了反间谍法、反恐怖主义法等法律，审议了境外非政府组织管理法、网络安全法，还要按照中央的统一部署和全国人大常委会的立法规划和立法工作计划，抓紧制定涉及国家安全领域的法律。

（2）有关方面要抓紧制定有关国家安全法律的配套规定。

（3）有关机关要加强国家安全法律的执法、司法，全方位加强国家安全法治建设。

（4）争取到2020年基本形成一套立足我国国情、体现时代特点、适应我国所处战略安全环境，内容协调、程序严密、配套完备、运行有效的中国特色国家安全法律制度，为维护我国国家安全提供坚实的法律制度保证。

70. 关于国家安全工作经费和装备保障有什么规定?

答: 经费和装备是保障国家安全工作的物质基础,在各项保障措施中处于重要的基础性地位。国家安全工作是需要投入的,通常包括人、财、物的投入。从投入的安全领域看,既有传统安全领域,也有非传统安全领域;从维护国家安全的具体工作看,既涉及情报信息的收集、分析和使用,也涉及风险的监测、预警和安全形势评估,还涉及国家安全审查和监管、危机管控等;从具体投向方面看,既包括国家安全基础设施,也包括工作所需物资、设备、器械、科技研发、人才培养、制度建设等。做好这些工作都必须要有经费作为基本保障,否则,很多工作就难以开展。为此,国家安全法第七十一条规定:"国家加大对国家安全各项建设的投入,保障国家安全工作所需经费和装备"。

国家安全工作所需经费来自中央和地方财政。中央和地方各级人民政府都要加大对国家安全工作的投入,确保维护国家安全各项工作所需必要经费。国家安全工作经费的筹措和使用要遵循下列原则:

(1) 中央和地方共同出资原则。维护国家安全是一种国家行为,中央是国家安全工作经费来源的主体;按照守土有责原则,地方也应承担与其责任相适应的经费,分别列入中央和地方财政预算。

(2) 高效使用和节约原则。要重视国家安全工作的投入产出,高效合理使用,绝不能以国家安全为借口盲目投入,要杜绝浪费。

（3）突出重点原则。特别是从中央层面讲，应把维护国家安全的经费主要投向重点地区和重点领域，抓住国家安全工作的主要矛盾，把国家安全工作经费用在刀刃上。

维护国家安全贯穿于中国特色社会主义事业全过程。从长远讲，国家对国家安全工作的投入应与国民经济增长的水平相适应。

71. 关于国家安全战略物资储备保障有什么规定？

答：战略物资储备，是国家在平时有计划建立的对国计民生和国家安全具有重要影响的物质资料的储存和积蓄，目的是为了应付战争或者其他意外情况，保障国民经济正常运转和国家安全的需求。国家安全战略物资储备不同于一般物资储备，国家一般物资储备主要是用于抵御市场风险的目的，当某种物资出现市场紧缺，国家就可抛售储备的相关物资，以平抑市场价格和需求。而国家安全战略物资储备只能在国家遇到非常情况方可动用，一般情况下（除非是定期更换）是不能随便动用的。因此，做好战略物资储备储备工作，为应对国家安全危机保障充足的物资，是十分重要的。为此，国家安全法第七十二条规定："承担国家安全战略物资储备任务的单位，应当按照国家有关规定和标准对国家安全物资进行收储、保管和维护，定期调整更换，保证储备物资的使用效能和安全。"

（1）国家安全战略物资储备的原则。一是服从国家安全需要，同时兼顾经济效益，不应造成浪费；二是尽量做到足量够用，但也要符合国情和发展阶段，不要盲目追求数量；三是既要确保种类齐全，但同时又要突出重点。四是要布局合理，确保调用物资能快速抵达使用现场。战略物资储备的布局要做到既安全又方便动用，一般应选择在不易受战争破坏和有完善交通设施的地区。可采用国家储备、军队储备、企业储备等多种方式进行存储。

（2）承担国家安全战略物资储备任务的单位。是指根据相关法律法规规定，具备国家规定的资格条件，并经国务院有关主管部门审核批准，实际负责承担战略物资储备任务的企业事业单位。在我国，既有国有企业、事业单位，也有其他各类所有制单位。

（3）承担国家安全战略物资储备任务单位的职责。

一是，国家战略物资储备行政主管部门应在广泛征求有关部门意见的基础上做好储备工作的总体规划和设计，要对战略储备物资的种类、规格、数量、储备地点、收储单位职责等作出总体安排。

二是，按照国家有关规定和标准对储备物资进行保管和维护。例如，《中央储备粮管理条例》规定，中国储备粮管理总公司直属企业、中央储备粮代储企业（以下统称承储企业）储存中央储备粮，应当严格执行国家有关中央储备粮管理的行政法规、规章、国家标准和技术规范，以及中国储备粮管理总公司依照有关行政法规、规章、国家标准和技术规范制定的各项业务管理制度。承储企业必须保证入库的中央储备粮达到收购、轮换计划规定的质量等级，并符合国家规定的质量标准。承储企业应当对中央储备粮实行专仓储存、专人保管、专账记载，保证中央储备粮账账相符、账实相符、质量良好、储存安全。

三是,按照国家有关规定和标准定期调整更换储备物资。储备物资在储存期间,由于受到风吹日晒等自然力的作用,容易发生锈蚀、霉变等有形损耗,从而影响其使用价值;同时,由于科技进步、产品更新换代等原因,储备物资还会遭遇淘汰、报废等无形损耗。因此,必须按照国家有关规定和标准定期调整更换储备物资,才能确保其适应国家安全需要。如中央储备粮每年轮换的数量一般为中央储备粮储存总量的20%至30%;国家储备棉2-3年轮换一次。

四是,按照国家有关规定和标准保证储备物资的使用效能和安全。国家物资储备管理规定要求,国家物资储备的安全保障工作遵循安全第一、预防为主、综合治理的方针。储备局应当建立健全安全责任、重大事项报告等安全保障工作制度,并负责对国家储备物资、储备仓库等的安全进行监督检查。国家物资储备仓库应当在地方政府的统一组织下,积极会同政府有关部门与周边村镇、街道、企业、事业单位成立保卫工作联防组织。国家物资储备仓库应当组织专职守卫力量开展守卫工作。符合武警部队内卫执勤任务范围规定的国家物资储备仓库,应当按照国家有关规定申请派驻武警部队进行守卫。储备局应当按照国家有关规定,为驻库武警部队提供相关保障。

72. 关于维护国家安全科技保障有什么规定?

答:科技创新是提高社会生产力和综合国力的战略支撑,必须摆在国家发展全局的核心位置。保障国家安全,发挥科技的战略支撑作用非常重要。为此，国家安全法第七十三条规定:"鼓励国家安全领域科技创新，发挥科技在维护国家安全中的作用。"

（1）鼓励国家安全领域科技创新。从政府层面来看，要根据国家安全领域提出的要求，设立科技专项，组织科研攻关，提高自主创新能力，不断解决维护国家安全面临的技术难题；同时，要制定鼓励引导企业重视人才、积极开发研究抢占科技制高点的高新技术、关键技术，为维护国家安全提供高技术保障支持；要在政策扶持、税收优惠等给予科技创新鼓励，引导企业加大对国家安全领域科技创新的投入，政府也要加大资本投入。既要鼓励技术创新，也要鼓励基础研究以及技术转化为科技产品、装备、设施。

（2）发挥科技在维护国家安全中的作用。推广使用先进的维护国家安全的技术、设备，使科技在各国家安全领域发挥支撑保障作用。

73. 关于国家安全工作专门人才和特殊人才保障有什么规定？

答：国家安全工作特别是维护国家安全的专门工作，是对抗性、专业性、机密性极强的工作，从事这项专门工作的人员必须具备一定的专业知识和较高的专业能力。加强国家安全工作人员的专业化，提升业务能力，提高专业素质，需要建立一整套符合国家安全工作特点的队伍管理制度和职业保障体系。因此有必要从专门工作的特点出发，对国家安全专门人才和特殊人才的招录、培养和管理各个环节加强顶层设计和法律支持。为此，国家安全法第七十四条规定："国家采取必要措施，招录、培养和管理国家安全工作专门人才和特殊人才。""根据维护国家安全工作的需要，国家依法保护有关机关专门从事国家安全工作人员的身份和合法权益，加大人身保护和安置保障力度。"

（1）招录、培养和管理国家安全工作专门人才和特殊人才。专门人才主要是指为了开展国家安全工作的需要，招录、培养、选拔、任用的具有开展有关专门工作职业素养的人才力量。特殊人才主要是指国家安全工作中，具备特殊能力、才能的人才力量。开展维护国家安全工作，既需要通用人才，更需要专门人才、特殊人才。为了能够发挥专门人才、特殊人在国家安全工作中的重要作用，国家可以在任用、考核、晋升、培养、退出、职级待遇、补贴优待等方面，采取不同于一般公务员录用的必要措施，保障这些人人尽其才、才尽其用。

（2）国家依法保护有关机关专门从事国家安全工作人员的身份和合法权益。专门从事国家安全工作人员，都是隐蔽战线上的工作人员，无论是在境内境外，他们的特殊身份都需要国家依法给予保护，不能泄露，否则会危及这些人员人身安全；这些人员的合法权益依法应当得到保护。

（3）国家对有关机关专门从事国家安全工作人员加大人身保护和安置保障力度。国家通常为有关机关专门从事国家安全工作人员提供人身保护设备、装备等保障条件；对于遭遇险情的，国家采取措施加以营救等。对因公丧失工作能力或者因年龄届满退出工作岗位，国家妥善安置和保障其生活条件。

74. 关于开展国家安全专门工作的手段和方式保障有什么规定?

答：由于国家安全直接关系到国家的政权、主权、统一和领土完整等核心利益，在国家安全工作中，搜集情报信息和防范、制止、打击危害国家安全犯罪活动等国家安全专门工作，具有激烈的对抗性和很强的专业性、艰巨性，工作难度大、风险高、周期长、不确定性强。往往是一方极力通过各种手段、方法掌握和了解对方的情况，而另一方则千方百计保护自己的秘密，防止对方掌握和了解。因此，各国都通过专门的机构、专门的人员，运用专门的方法和手段，开展维护国家安全的专门工作，并在法律中对国家安全专门工作可以采用的特殊手段作出专门授权性规定，保障和规范专门工作职权的行使。我国一直以来也是这样做的。为此，国家安全法第七十五条规定："国家安全机关、公安机关、有关军事机关开展国家安全专门工作，可以依法采取必要手段和方式，有关部门和地方应当在职责范围内提供支持和配合。"

（1）国家安全法规定的可以依法采取必要手段和方式，是针对国家安全机关、公安机关、有关军事机关开展国家安全专门工作而言的。国家安全机关、公安机关、有关军事机关是开展国家安全工作的专门机关，是人民民主专政机关，其行使职权的方式和手段有别于一般的国家机关。法律赋予上述机关行使侦查、拘留、预审和执行逮捕以及法律规定的其他职权，如使用技术侦查手段等，其他国家机关不能行使。

（2）依法采取必要手段和方式。必要的手段和方式，既包括一般执法活动等一般手段，也包括依法经过严格审批使用特殊工作手段和方式，比如采取技术侦查措施、使用武器等。在实践中，对于具体采用哪些手段和方式开展国家安全专门工作，要根据维护国家安全的实际情况决定，并坚持依法履职、职权法定、权责一致、严格审批，确保依法行使职权。

（3）有关部门和地方应当在职责范围内提供支持和配合。维护国家安全要坚持专群结合的原则，有关部门和地方配合国家安全机关、公安机关、有关军事机关开展国家安全专门工作，也是维护国家安全协同联动机制的重要组成部分。在具体方式上，可以是协助提供本部门本地方掌握的有关档案、资料、信息、数据，也可以是协助发现、调查、制止危害国家安全的行为，等等。

75. 关于国家安全宣传教育有什么规定？

答：维护国家安全，需要全民参与，关键是要采取多种措施，增强全民国家安全意识。为此，国家安全法第七十六条规定："国家加强国家安全新闻宣传和舆论引导，通过多种形式开展国家安全宣传教育活动，将国家安全教育纳入国民教育体系和公务员教育培训体系，增强全民国家安全意识。"

（1）加强国家安全新闻宣传和舆论引导。要坚持马克思主义新闻观，牢牢把握正确导向，提高国家安全新闻宣传和舆论引导的及时性、权威性和公信力、影响力。加强国家安全宣传，加强舆情分析研判，加强社会热点难点问题引导，从群众关注点入手，科学解疑释惑，有效凝聚共识。做好重大事件新闻报道，完善新闻发布制度，健全应急报道和舆论引导机制，提高时效性，增加透明度。新闻宣传和舆论引导要注重解疑释惑，全面、准确、深入地宣传总体国家安全观，贯彻实施国家安全法的重大意义、中国特色国家安全道路和中国特色国家安全法律制度体系等，牢牢占据舆论制高点，掌握舆论引导主导权。

（2）通过多种形式开展国家安全宣传教育活动。各部门和各地方要以全民国家安全教育日为契机，把深入开展国家安全宣传教育作为一项重要任务来抓。在全社会开展形式多样、群众喜闻乐见的国家安全法的宣传教育活动，通过宣传讲解，让广大人民群众了解熟悉和掌握国家安全法，使国家安全观念深入人心，理解、支持国家安全工作，夯实国家安全群众基础。各人民团体、企业事业组织和其他社会组织，要加强对本单位人员进行维护国家安全教育，动员、组织本单位的人员防范、制止危害国家安全的行为。

（3）将国家安全教育纳入国民教育体系和公务员教育培训体系。从娃娃抓起、从学校抓起，推动国家安全教育进学校、进教材、进课堂。各国家机关要将国家安全教育纳入领导干部教育培训体系和公务员培训体系，切实增强广大党员干部维护国家安全的法律意识和责任感。

76. 公民和组织应当履行哪些维护国家安全的义务？

答：我国宪法规定，中华人民共和国公民有维护祖国的安全、荣誉和利益的义务，不得有危害祖国的安全、荣誉和利益的行为。国家安全法规定，中华人民共和国公民、一切国家机关和武装力量、各政党和各人民团体、企业事业组织和其他社会组织，都有维护国家安全的责任和义务。上述规定都比较原则，为此，国家安全法第七十七条对公民和组织应当履行维护国家安全的义务作了进一步明确：一是遵守宪法、法律法规关于国家安全的有关规定；二是及时报告危害国家安全活动的线索；三是如实提供所知悉的涉及危害国家安全活动的证据；四是为国家安全工作提供便利条件或者其他协助；五是向国家安全机关、公安机关和有关军事机关提供必要的支持和协助；六是保守所知悉的国家秘密；七是法律、行政法规规定的其他义务。还规定，任何个人和组织不得有危害国家安全的行为，不得向危害国家安全的个人或者组织提供任何资助或者协助。

77. 机关、人民团体、企业事业组织和其他社会组织在维护国家安全中应履行哪些特殊义务？

答：机关、人民团体、企业事业组织和其他社会组织都是社会治理结构中的重要组成部分，它们通常都有相对稳定的组织管理机构和管理模式，人员相对稳定，一般都有党组织、团组织和工会组织，经常在员工中开展思想政治教育、法治教育、安全教育等，是维护社会稳定的重要力量。按照现行的管理制度要求，机关、人民团体、企业事业组织和其他社会组织都要对自身内部安全负责，即"看好自己的门，管好自己的人"。通过强化自身维稳、安全，来为社会整体安全提供支持。为此，国家安全法第七十八条规定："机关、人民团体、企业事业组织和其他社会组织应当对本单位的人员进行维护国家安全的教育，动员、组织本单位的人员防范、制止危害国家安全的行为。"

（1）应当对本单位的人员进行维护国家安全的教育。这是社会治安综合治理"谁主管谁负责"原则的具体化，要求机关、人民团体、企业事业组织和其他社会组织要各负其责，加强本单位内部人员维护国家安全的教育工作，防止发生危害国家安全的行为，增强维护国家安全的思想意识和行动自觉。

（2）动员、组织本单位的人员防范、制止危害国家安全的行为。机关、人民团体、企业事业组织和其他社会组织要通过教育、健全制度，动员、组织本单位的人员，防范本单位的人员发生危害国家安全的行为，制止正在发生危害国家安全的行为。

78. 企业事业组织配合有关部门采取相关安全措施的义务有哪些？

答：企业事业组织参与经济社会发展，往往在某些方面拥有一定的资源，会对国家有关机关开展国家安全工作有一定的支持或帮助作用；但有的企业事业组织往往会顾虑，配合开展国家安全工作会影响自身的一些利益，不愿配合、拖延配合的情况也是存在的。为此，国家安全法第七十九条规定："企业事业组织根据国家安全工作的要求，应当配合有关部门采取相关安全措施。"

（1）企业事业组织负有维护国家安全的义务。企业事业组织根据国家安全工作的要求，配合有关部门采取相关安全措施，是企业事业组织承担的维护国家安全的社会义务。首先，"国家安全工作的要求"是正当的，是有法律法规或政策依据，目的是有利于维护国家安全；其次，要求是合理的，是企业事业组织能做得到的；再次，要求可以是一次性的也可以是重复性的，可以是针对一个事项也可以是针对多个事项。如保守国家秘密法规定，互联网及其他公共信息网络运营商、服务商应当配合公安机关、国家安全机关、检察机关对泄密案件进行调查；发现利用互联网及其他公共信息网络发布的信息涉及泄露国家秘密的，应当立即停止传输，保存有关记录，向公安机关、国家安全机关或者保密行政管理部门报告；应当根据公安机关、国家安全机关或者保密行政管理部门的要求，删除涉及泄露国家秘密的信息。

（2）配合有关部门采取相关安全措施。首先，"采取相关安全措施"要符合有关部门要求；其次，安全措施是有效的、管用的，有利于增强维护国家安全的能力，或者是能够有效防范、制止、消除不法行为对国家安全的危害；再次，安全措施可以是临时性措施，也可以是长期的机制或开展工作的平台；可以提供技术性支持，也可以提供其他帮助。如反恐怖主义法规定，电信业务经营者、互联网服务提供者应当依照法律、行政法规规定，落实网络安全、信息内容监管制度和安全技术防范措施，防止含有恐怖主义、极端主义内容的信息传播；发现含有恐怖主义、极端主义内容信息的，应当立即停止传输，保存相关记录，删除相关信息，并向公安机关或者有关部门报告。

79. 公民和组织支持、协助国家安全工作的行为受法律保护的主要内容是什么?

答: 维护国家安全的最终目的是为了人民安全,保护公民、组织的合法权益,这是维护国家安全"一切为了人民、一切依靠人民"的要求。同样,公民和组织支持、协助国家安全工作的行为受到法律保护,这是题中应有之义,也有利于保护和调动公民、组织参与国家安全工作的积极性。为此,国家安全法第八十条规定:"公民和组织支持、协助国家安全工作的行为受法律保护。""因支持、协助国家安全工作,本人或者其近亲属的人身安全面临危险的,可以向公安机关、国家安全机关请求予以保护。公安机关、国家安全机关应当会同有关部门依法采取保护措施。"

(1) 公民和组织支持、协助国家安全工作的行为受法律保护。就公民和组织支持、协助国家安全工作而言,主要包括两类情形:一是根据国家安全法规定,履行支持、协助国家安全的义务。如及时报告危害国家安全活动的线索,如实提供所知悉的涉及危害国家安全活动的证据,为国家安全工作提供便利条件或者其他协助,向国家安全机关、公安机关和有关军事机关提供有关数据信息、技术支持和协助,以及对国家安全专门工作依法采取必要手段和方式的支持配合等。二是根据其他法律规定,履行支持、协助国家安全的义务。如根据反间谍法规定,为反间谍工作提供便利或者其他协助,及时向国家安全机关报告间谍行为;根据反恐怖主义法规定,协助、配合有关部门开展反恐怖主义工作，发现恐怖活动嫌疑或者恐怖活动嫌疑人员时及时向公安机关或者有关部门报告；等等。

（2）公安机关、国家安全机关会同有关部门依法对有关人员采取人身保护措施。

第一，公民有请求人身保护的权利。公安机关、国家安全机关是国家政权机关，负有保护公民人身安全的职责。当公民因支持、协助国家安全工作，本人或者其近亲属的人身安全面临危险的，依照法律规定，可以向公安机关、国家安全机关请求予以保护。这是法律赋予公民的一项重要权利。

第二，请求保护的对象是公民的人身安全。应当说，公安机关、国家安全机关不仅应当保护公民的人身安全，而且要保护公民的财产安全。但作为专门机关，维护国家安全的任务十分繁重，保护支持、协助国家安全工作的公民人身安全是主要的，公民可以通过其他途经寻求保护财产安全。所谓"人身安全面临危险"，主要是指公民或者其近亲属因支持、协助国家安全工作，面临被胁迫、被威胁，或者面临打击报复，或者在境外人身自由和基本权利受到威胁等现实的危险。

第三，公安机关、国家安全机关应当会同有关部门依法采取保护措施。这里包含了三层含义：一是，公安机关、国家安全机关会同有关部门采取人身保护措施，是一种法律责任。二是，采取人身保护措施的是公安机关、国家安全机关和有关部门。三是，采取人身保护措施是有法可依的。如反恐怖主义法规定，因报告和制止恐怖活动，在恐怖活动犯罪案件中作证，或者从事反恐怖主义工作，本人或者其近亲属的人身安全面临危险的，经本人或者其近亲属提出申请，公安机关、有关部门应当采取下列一项或者多项保护措施：其一是不公开真实姓名、住址和工作单位等个人信息；其二是禁止特定的人接触被保护人员；其三是对人身和住宅采取专门性保护措施；其四是变更被保护人员的姓名，重新安排住所和工作单位；其五是其他必要的保护措施。

80. 关于对公民和组织支持、协助国家安全工作导致财产损失、人身伤害或者死亡的补偿、抚恤优待是如何规定的？

答：公民和组织支持、协助国家安全工作，是保证有关机关完成维护国家安全任务的重要力量来源，特别是在参与国家安全危机管控中，公民和组织的财产可能会被征用，也可能会因为支持、协助国家安全工作而遭到损毁，公民人身也可能会受到伤害或导致死亡。我国宪法规定，公民合法的私有财产受法律保护，公民有从国家和社会获得物质帮助的权利。为此，国家安全法第八十一条规定："公民和组织因支持、协助国家安全工作导致财产损失的，按照国家有关规定给予补偿；造成人身伤害或者死亡的，按照国家有关规定给予抚恤优待。"

（1）公民和组织因支持、协助国家安全工作导致财产损失的，按照国家有关规定给予补偿。目前，宪法、法律对征收公民、组织财产给予补偿作了规定。一般情况下，国家决定进入紧急状态、战争状态或者进行全国总动员、局部动员，往往会伴随发生征收公民、组织财产的情况，对此有关法律作了规定。如反间谍法规定，国家安全机关因反间谍工作需要，按照国家有关规定，可以优先使用或者依法征用机关、团体、企业事业组织和个人的交通工具、通信工具、场地和建筑物，必要时，可以设置相关工作场所和设备、设施，任务完成后应当及时归还或者恢复原状，并依照规定支付相应费用；造成损失的，应当补偿。再如国防动员法规定，被征用的民用资源使用完毕，县级以上地方人民政府应当及时组织返还；经过改造的，应当恢复原使用功能后返还；不能修复或者灭失的，以及因征用造成直接经济损失的，按照国家有关规定给予补偿。人民武装警察法规定，人民武装警察部队因执行安全保卫任务的需要，在特别紧急情况下，经现场最高指挥员出示人民武装警察证件，可以临时使用有关单位或者个人的设备、设施、场地、交通工具以及其他物资，使用后应当及时返还，并支付适当费用；造成损失的，按照国家有关规定给予补偿。

（2）公民因支持、协助国家安全工作造成人身伤害或者死亡的，按照国家有关规定给予抚恤优待。分两种情况：一是，公民因有组织的支持、协助国家安全工作而造成人身伤害或者死亡的抚恤优待。如，国防动员法规定，在国家决定实施国防动员后，符合法定条件的公民要担负国防勤务，支援保障军队作战、承担预防与救助战争灾害以及协助维护社会秩序的任务。因执行国防勤务伤亡的，由当地县级人民政府依照《军人抚恤优待条例》等有关规定给予抚恤优待。军人抚恤优待条例规定，因参战伤亡的民兵、民工的抚恤，因参加军事演习、军事训练和执行军事勤务伤亡的预备役人员、民兵、民工以及其他人员的抚恤，参照军人抚恤优待条例的有关规定办理。二是，公民个体因支持、协助国家安全工作造成人身伤害或者死亡的抚恤优待。如，人民警察法规定，公民和组织因协助人民警察执行职务，造成人身伤亡或者财产损失的，应当按照国家有关规定给予抚恤或者补偿。伤残抚恤管理办法规定，为维护社会治安同违法犯罪分子进行斗争致残的人员，为抢救和保护国家财产、人民生命财产致残的人员，法律、行政法规规定应当由民政部门负责伤残抚恤的其他人员，都依据伤残抚恤管理办法进行抚恤。

81. 关于公民和组织提出批评建议、申诉、控告和检举的权利是如何规定的？

答：在我国，国家的一切权力属于人民。人民通过选举自己的代表组成各级国家政权机关，代表人民行使当家作主的权利。我国宪法规定，一切国家机关和国家工作人员必须依靠人民的支持，经常保持同人民的密切联系，倾听人民的意见和建议，接受人民的监督，努力为人民服务。中华人民共和国公民对于任何国家机关和国家工作人员，有提出批评和建议的权利；对于任何国家机关和国家工作人员的违法失职行为，有向有关国家机关提出申诉、控告或者检举的权利。国家安全工作是国家机关工作的重要组成部分，也要接受人民群众监督。为此，国家安全法第八十二条规定："公民和组织对国家安全工作有向国家机关提出批评建议的权利，对国家机关及其工作人员在国家安全工作中的违法失职行为有提出申诉、控告和检举的权利。"

（1）公民和组织的批评建议权。批评权是指公民对国家机关及其工作人员在工作中的缺点和错误，提出批评意见的权利。建议权是指公民为帮助国家机关及其工作人员改进工作，对国家机关及其工作人员的各项工作，提出意见和建议的权利。国家安全工作开展的好不好，是不是为人民群众提供了安定有序的社会环境、生产生活秩序，如何加强和改进国家安全工作等，公民和组织都有批评建议的权利。

（2）申诉、控告和检举的权利。控告权是指公民向有关国家机关指控或者告发某些国家机关及其工作人员各种违法失职行为的权利。申诉权是指公民对本人及其亲属所受到的有关处罚或者处分不服，或者受到不公正的待遇，向有关国家机关陈述理由、提出要求的权利。检举权是指公民对国家机关及其工作人员违法失职行为向有关国家机关予以揭发的权利。不同于批评建议权，该项权利针对的是"国家机关及其工作人员在国家安全工作中的违法失职行为"。同时，根据宪法和有关法律，对国家机关及其工作人员提出申诉、控告和检举，不得捏造或者歪曲事实进行诬告陷害。对于公民的申诉、控告或者检举，有关国家机关必须查清事实，负责处理。任何人不得压制和打击报复。

82. 关于有关机关采取限制公民权利和自由的特别措施时应遵循什么原则？

答：按照法律规定，为处置危及国家安全的重大事件或者特别重大事件，履行国家安全危机管控职责的机关有权采取限制公民权利和自由的特别措施。但由于实施这些特别措施，往往会对公民的基本权利造成较大影响甚至是减损，因此，按照依法治国的要求，有必要对有关机关行使这项权利作出必要限制。为此，国家安全法第八十三条规定："在国家安全工作中，需要采取限制公民权利和自由的特别措施时，应当依法进行，并以维护国家安全的实际需要为限度。"

（1）采取限制公民权利和自由的特别措施要有现实需要。管控和处置国家安全危机事件，法律赋予有关机关可以采取多种措施，既有一般措施，也有特别措施。只有当采取一般措施不足以应对处置危机时，才选择采取特别措施。为此，国家安全法规定，履行国家安全危机管控职责的有关机关依法采取处置国家安全危机的管控措施，应当与国家安全危机可能造成的危害的性质、程度和范围相适应；有多种措施可供选择的，应当选择有利于最大程度保护公民、组织权益的措施。

（2）采取限制公民权利和自由的特别措施应当依法进行。国家安全法对采取特别措施的适用条件、决定机关、具体形式都作了规定，明确国家决定进入紧急状态、战争状态或者实施国防动员后，履行国家安全危机管控职责的有关机关依照法律规定或者全国人民代表大会常务委员会规定，有权采取限制公民和组织权利、增加公民和组织义务的特别措施。

（3）采取限制公民权利和自由的特别措施以维护国家安全的实际需要为限度。一是采取的特别措施，应当与国家安全危机可能造成的危害的性质、程度和范围相适应。国防动员法针对战争状态和实施国防动员、戒严法和突发事件应对法针对紧急状态，规定了不同种类的特别措施；宪法和法律对决定全国或者个别省、自治区、直辖市进入紧急状态，决定省、自治区、直辖市范围内部分地区进入紧急状态,以及决定全国总动员或者局部动员,根据国家安全危机的危害程度作了区别规定,在具体实施特别措施时,要严格按照有权机关发布的命令规定的适用范围、适用时间、适用措施执行,不得擅自改变。二是国家安全威胁和危害得到控制或者消除后,应当及时解除管控处置措施,包括限制公民权利和自由的特别措施。

83. 什么是间谍行为?

答:一切国家机关和武装力量、各政党和各社会团体及各企业事业组织,都有防范、制止间谍行为,维护国家安全的义务。根据反间谍法规定,下列行为属于间谍行为:(1)间谍组织及其代理人实施或者指使、资助他人实施,或者境内外机构、组织、个人与其相勾结实施的危害中华人民共和国国家安全的活动;(2)参加间谍组织或者接受间谍组织及其代理人的任务的;(3)间谍组织及其代理人以外的其他境外机构、组织、个人实施或者指使、资助他人实施,或者境内机构、组织、个人与其相勾结实施的窃取、刺探、收买或者非法提供国家秘密或者情报,或者策动、引诱、收买国家工作人员叛变的活动;(4)为敌人指示攻击目标的;(5)进行其他间谍活动的。

84. 国家安全机关在反间谍工作中行使哪些职权?

答:国家安全机关是反间谍工作的主管机关。根据反间谍法规定，国家安全机关为开展反间谍工作，可以依法行使以下职权：（1）依法行使侦查、拘留、预审和执行逮捕以及法律规定的其他职权。（2）查验中国公民或者境外人员的身份证明，向有关组织和人员调查、询问有关情况。（3）进入有关场所、单位，进入限制进入的有关地区、场所、单位，查阅或者调取有关的档案、资料、物品。（4）在依法执行紧急任务的情况下，优先乘坐公共交通工具，遇交通阻碍时优先通行。（5）优先使用或者依法征用机关、团体、企业事业组织和个人的交通工具、通信工具、场地和建筑物，必要时，设置相关工作场所和设备、设施。（6）根据国家有关规定，经过严格批准手续，可以采取技术侦察措施。（7）查验有关组织和个人的电子通信工具、器材等设备、设施，发现存在危害国家安全情形的，应当责令其整改，拒绝整改或者整改后仍不符合要求的，可以予以查封、扣押。（8）提请海关、边防等检查机关对有关人员和资料、器材免检。（9）依法查封、扣押、冻结用于间谍行为的工具、财物或者用于资助间谍行为的资金、场所、物资。（10）会同有关部门制定反间谍技术防范标准，指导有关部门落实反间谍技术防范措施，进行反间谍技术防范检查和检测。（11）依法对涉嫌非法持有属于国家秘密的文件、资料和其他物品，以及非法持有、使用专用间谍器材的人身、物品、住处和其他有关的地方进行搜查，对有关非法持有的属于国家秘密的文件、资料和其他物品，以及非法持有、使用的专用间谍器材予以没收。

85. 公民和组织在反间谍工作中应当履行哪些义务?

答：根据反间谍法规定，公民和组织在反间谍工作中应当履行以下义务：（1）机关、团体和其他组织应当对本单位的人员进行维护国家安全的教育，动员、组织本单位的人员防范、制止间谍行为。（2）公民和组织应当为反间谍工作提供便利或者其他协助。（3）公民和组织发现间谍行为，应当及时向国家安全机关报告。公民和组织向公安机关等其他国家机关、组织报告的，相关国家机关、组织应当立即移送国家安全机关处理。（4）在国家安全机关调查了解有关间谍行为的情况、收集有关证据时，有关组织和个人应当如实提供，不得拒绝。（5）任何公民和组织都应当保守所知悉的有关反间谍工作的国家秘密。（6）任何个人和组织都不得非法持有属于国家秘密的文件、资料和其他物品。（7）任何个人和组织都不得非法持有、使用间谍活动特殊需要的专用间谍器材。

86. 什么是恐怖主义、恐怖活动、恐怖事件?

答：根据反恐怖主义法的规定，恐怖主义是指，通过暴力、破坏、恐吓等手段，制造社会恐慌、危害公共安全、侵犯人身财产，或者胁迫国家机关、国际组织，以实现其政治、意识形态等目的的主张和行为。

恐怖活动是指，恐怖主义性质的下列行为：（1）组织、策划、准备实施、实施造成或者意图造成人员伤亡、重大财产损失、公共设施损坏、社会秩序混乱等严重社会危害的活动的；（2）宣扬恐怖主义，煽动实施恐怖活动，或者非法持有宣扬恐怖主义的物品，强制他人在公共场所穿戴宣扬恐怖主义的服饰、标志的；（3）组织、领导、参加恐怖活动组织的；（4）为恐怖活动组织、恐怖活动人员、实施恐怖活动或者恐怖活动培训提供信息、资金、物资、劳务、技术、场所等支持、协助、便利的；（5）其他恐怖活动。

恐怖事件，是指正在发生或者已经发生的造成或者可能造成重大社会危害的恐怖活动。一般来说，其具体表现为，采取绑架、暗杀、爆炸、空中劫持、扣押人质等恐怖手段，企求实现其宗教或政治目标或某项具体要求的主张和行动。恐怖事件主要是由极左翼和极右翼的恐怖主义团体，以及极端的宗教主义、民族主义、种族主义的组织和派别所组织策划的。

87. 电信业务经营者、互联网服务提供者在反恐怖工作中应当采取哪些安全防范措施？

答：根据反恐怖主义法的规定，电信业务经营者、互联网服务提供者在反恐怖工作中应当采取以下安全防范措施：（1）应当为公安机关、国家安全机关依法进行防范、调查恐怖活动提供技术接口和解密等技术支持和协助。（2）应当依照法律、行政法规规定，落实网络安全、信息内容监督制度和安全技术防范措施，防止含有恐怖主义、极端主义内容的信息传播；发现含有恐怖主义、极端主义内容的信息的，应当立即停止传输，保存相关记录，删除相关信息，并向公安机关或者有关部门报告。(3) 网信、电信、公安、国家安全等主管部门对含有恐怖主义、极端主义内容的信息，责令有关单位停止传输、删除相关信息，或者关闭相关网站、关停相关服务的，有关单位应当立即执行，并保存相关记录，协助进行调查。(4) 电信、互联网等业务经营者、服务提供者，应当对客户身份进行查验。对身份不明或者拒绝身份查验的，不得提供服务。

88. 各级政府和有关部门应当怎样开展反恐宣传教育？

答：根据反恐怖主义法第十七条的规定，各级政府和有关部门应当通过以下几种方式开展反恐怖主义宣传教育：(1) 将反恐怖主义教育纳入日常教育教学内容。教育、人力资源行政主管部门和学校、有关职业培训机构应当将恐怖活动预防、应急知识纳入教育、教学、培训的内容。(2) 广泛利用媒体进行反恐怖主义宣传。新闻、广播、电视、文化、宗教、互联网等有关单位，应当有针对性地面向社会进行反恐怖主义宣传教育。(3) 基层自治组织对本组织内的居民、村民加强反恐怖主义宣传教育。村民委员会、居民委员会应当协助人民政府以及有关部门，加强反恐怖主义宣传教育。

89. 我国建立的反恐应对体制是什么？

答：国家设立反恐怖主义工作领导机构，统一领导和指挥全国反恐工作。省级、设区的市级人民政府设立反恐怖主义工作领导机构，县级人民政府根据需要设立反恐怖主义工作领导机构，在上级反恐怖主义工作领导机构的领导和指挥下，负责本地区反恐怖主义工作。

应对处置恐怖事件，各级反恐怖主义工作领导机构应当成立由有关部门参加的指挥机构，实行指挥长负责制。反恐怖主义工作领导机构负责人可以担任指挥长，也可以确定公安机关负责人或者反恐怖主义工作领导机构的其他成员单位负责人担任指挥长。跨省、自治区、直辖市发生的恐怖事件或者特别重大恐怖事件的应对处置，由国家反恐怖主义工作领导机构负责指挥；在省、自治区、直辖市范围内发生的涉及多个行政区域的恐怖事件或者重大恐怖事件的应对处置，由省级反恐怖主义工作领导机构负责指挥。

恐怖事件发生后，发生地反恐怖主义工作领导机构应当立即启动恐怖事件应对处置预案，确定指挥长。有关部门和解放军、武警部队、民兵组织，按照反恐怖主义工作领导机构和指挥长的统一领导、指挥，协同开展打击、控制、救援、救护等现场应对处置工作。上级反恐怖主义工作领导机构可以对应对处置工作进行指导，必要时调动有关反恐力量进行支援。需要进入紧急状态的，由全国人大常委会或者国务院依照宪法和其他有关法律规定的权限和程序决定。

90. 我国对反恐怖主义工作情报信息作了哪些规定？

答：加强反恐怖主义情报信息的收集、研判和共享使用，是开展反恐怖主义工作的基础性工作。在总结以往实践经验的基础上，反恐怖主义法对情报信息作了以下规定：（1）国家反恐怖主义工作领导机构建立国家反恐怖主义情报中心，实行跨部门、跨地区情报信息工作机制，统筹反恐怖主义情报信息工作。（2）有关部门应当加强反恐怖主义情报信息搜集工作，对搜集的有关线索、人员、行动类情报信息，应当依照规定及时统一归口报送国家反恐怖主义情报中心。（3）地方反恐怖主义工作领导机构应当建立跨部门情报信息工作机制，组织开展反恐怖主义情报信息工作，对重要的情报信息，应当及时向上级反恐怖主义工作领导机构报告，对涉及其他地方的紧急情报信息，应当及时通报相关地方。（4）公安机关、国家安全机关和有关部门应当依靠群众，加强基层基础工作，建立基层情报信息工作力量，提高反恐怖主义情报信息工作能力。（5）公安机关、国家安全机关、军事机关在其职责范围内，因反恐怖主义情报信息工作的需要，根据国家有关规定，经过严格的批准手续，可以采取技术侦察措施。（6）有关部门对于安全防范工作中获取的信息，应当根据国家反恐怖主义情报中心的要求，及时提供。（7）国家反恐怖主义情报中心、地方反恐怖主义工作领导机构以及公安机关等有关部门应当对有关情报信息进行筛查、研判、核查、监控，认为有发生恐怖事件危险，需要采取相应的安全防范、应对处置措施的，应当及时通报有关部门和单位，并可以根据情况发出预警。有关部门和单位应当根据通报做好安全防范、应对处置工作。（8）反恐怖主义工作领导机构、有关部门和单位、个人应当对履行反恐怖主义工作职责、义务过程中知悉的国家秘密、商业秘密和个人隐私予以保密。

91. 负责应对处置恐怖事件的反恐怖主义工作领导机构可以决定由有关部门和单位采取哪些应对处置措施?

答：恐怖事件发生后，各有关方面应当依法参与应对处置。负责应对处置恐怖事件的反恐怖主义工作领导机构可以决定由有关部门和单位采取一项或多项应对处置措施。根据反恐怖主义法第六十一条规定，包括：（1）组织营救和救治受害人员，疏散、撤离并妥善安置受到威胁的人员以及采取其他救助措施；（2）封锁现场和周边道路，查验现场人员的身份证件，在有关场所附近设置临时警戒线；（3）在特定区域内实施空域、海（水）域管制，对特定区域内的交通运输工具进行检查；（4）在特定区域内实施互联网、无线电、通讯管制；（5）在特定区域内或者针对特定人员实施出境入境管制；（6）禁止或者限制使用有关设备、设施，关闭或者限制使用有关场所，中止人员密集的活动或者可能导致危害扩大的生产经营活动；（7）抢修被损坏的交通、电信、互联网、广播电视、供水、排水、供电、供气、供热等公共设施；（8）组织志愿人员参加反恐怖主义救援工作，要求具有特定专长的人员提供服务；（9）其他必要的应对处置措施。采取第3项至第5项规定的应对处置措施，由省级以上反恐怖主义工作领导机构决定或者批准；采取第6项规定的应对处置措施，由设区的市级以上反恐怖主义工作领导机构决定。应对处置措施应当明确适用的时间和空间范围，并向社会公布。

92. 报告突发事件应当遵守哪些制度？

答：预防和应对突发事件需要人人参与。根据突发事件应对法的有关规定，报告突发事件应当遵守下列制度：（1）突发事件发生后，发生地县级人民政府应当立即向上一级人民政府报告，必要时可以越级上报。（2）所有单位对本单位可能发生的突发事件和采取安全防范措施的情况，应当按照规定及时向所在地人民政府或者人民政府有关部门报告。（3）获悉突发事件信息的公民、法人或者其他组织，应当立即向所在地人民政府、有关主管部门或者指定的专业机构报告。（4）专业机构、监测网点和信息报告员应当及时向所在地人民政府及其有关主管部门报告突发事件信息。（5）履行统一领导职责的人民政府应当及时查明突发事件的发生经过和原因，总结突发事件应急处置工作的经验教训，制定改进措施，并向上一级人民政府提出报告。（6）有关单位和人员报送、报告突发事件信息，应当做到及时、客观、真实，不得迟报、谎报、瞒报、漏报。

93. 突发事件信息发布有哪些制度要求？

答：根据突发事件应对法有关规定，（1）有关人民政府及其部门作出的应对突发事件的决定、命令，应当及时公布。（2）履行统一领导职责或者组织处置突发事件的人民政府，应当按照有关规定统一、准确、及时发布有关突发事件事态发展和应急处置工作的信息。(3) 任何单位和个人不得编造、传播有关突发事件事态发展或者应急处置工作的虚假信息。

94. 人民政府组织处置社会安全事件可以采取哪些应急处置措施？

答：突发事件应对法第五十条规定，社会安全事件发生后，组织处置工作的人民政府应当立即采取下列应急处置措施：(1) 强制隔离使用器械相互对抗或者以暴力行为参与冲突的当事人，妥善解决现场纠纷和争端，控制事态发展；(2) 对特定区域内的建筑物、交通工具、设备、设施以及燃料、燃气、电力、水的供应进行控制；(3) 封锁有关场所、道路，查验现场人员的身份证件，限制有关公共场所内的活动；(4) 加强对易受冲击的核心机关和单位的警卫，在国家机关、军事机关、国家通讯社、广播电台、电视台、外国驻华使领馆等单位附近设置临时警戒线；(5) 法律、行政法规和国务院规定的其他必要措施。严重危害社会治安秩序的事件发生时，公安机关应当立即依法出动警力，根据现场情况依法采取相应的强制性措施，尽快使社会秩序恢复正常。

95. 戒严期间，戒严执勤人员有权对哪些人员立即予以拘留？

答：戒严地区内的一切组织和个人，必须严格遵守戒严令和实施戒严令的规定，积极协助人民政府恢复正常社会秩序。

根据戒严法第二十四条规定，戒严执勤人员依照戒严实施机关的规定，有权对下列人员立即予以拘留：（1）正在实施危害国家安全、破坏社会秩序的犯罪或者有重大嫌疑的；（2）阻挠或者抗拒戒严执勤人员执行戒严任务的；（3）抗拒交通管制或者宵禁规定的；（4）从事其他抗拒戒严令的活动的。根据戒严法第二十六条规定，在戒严地区有下列聚众情形之一、阻止无效的，戒严执勤人员根据有关规定，可以使用警械强行制止或者驱散，并将其组织者和拒不服从的人员强行带离现场或者立即予以拘留：（1）非法进行集会、游行、示威以及其他聚众活动的；（2）非法占据公共场所或者在公共场所煽动进行破坏活动的；（3）冲击国家机关或者其他重要单位、场所的；（4）扰乱交通秩序或者故意堵塞交通的；（5）哄抢或者破坏机关、团体、企业事业组织和公民个人的财产的。

96. 戒严期间，戒严实施机关可以决定在戒严地区采取哪些措施？

答：在发生严重危及国家的统一、安全或者社会公共安全的动乱、暴乱或者严重骚乱，不采取非常措施不足以维护社会秩序、保护人民的生命和财产安全的紧急状态时，国家可以决定实行戒严。戒严地区内的一切组织和个人，必须严格遵守戒严令和实施戒严令的规定，积极协助人民政府恢复正常社会秩序。根据戒严法第十三条规定，戒严期间，戒严实施机关可以决定在戒严地区采取下列措施，并可以制定具体实施办法：（1）禁止或者限制集会、游行、示威、街头讲演以及其他聚众活动；（2）禁止罢工、罢市、罢课；（3）实行新闻管制；（4）实行通讯、邮政、电信管制；（5）实行出境入境管制；（6）禁止任何反对戒严的活动。

97. 国家决定实施国防动员后，哪些公民可以免予担负国防勤务？

答：保卫祖国，抵抗侵略，是每个公民的神圣职责。当国家的主权、统一、领土完整和安全遭受威胁时，全国人大常委会可以依照宪法和有关法律的规定，决定全国总动员或者局部动员。国家主席根据全国人大常委会的决定，发布动员令。国家决定实施国防动员后，符合法定条件的公民要担负国防勤务，支援保障军队作战、承担预防与救助战争灾害以及协助维护社会秩序的任务。根据国防动员法第四十九条规定，十八周岁至六十周岁的男性公民和十八周岁至五十五周岁的女性公民，应当担负国防勤务；但有下列情形之一的，免予担负国防勤务：（1）在托儿所、幼儿园和孤儿院、养老院、残疾人康复机构、救助站等社会福利机构从事管理和服务工作的公民；（2）从事义务教育阶段学校教学、管理和服务工作的公民；（3）怀孕和在哺乳期内的女性公民；（4）患病无法担负国防勤务的公民；（5）丧失劳动能力的公民；（6）在联合国等政府间国际组织任职的公民；（7）其他经县级以上人民政府决定免予担负国防勤务的公民。有特殊专长的专业技术人员担负特定的国防勤务，不受上述规定的年龄限制。

98. 国家决定实施国防动员后，哪些民用资源可以免予征用？

答：根据法律规定，国家决定实施国防动员后，储备物资无法及时满足动员需要的，县级以上人民政府可以依法对民用资源进行征用。任何组织和个人都有接受依法征用民用资源的义务。鉴于征用的民用资源一般是组织和个人所有或者使用的用于社会生产、服务和生活的设施、设备、场所和其他物资，与人民群众生活息息相关，为此，根据国防动员法第五十六条规定，（1）个人和家庭生活必需的物品和居住场所；（2）托儿所、幼儿园和孤儿院、养老院、残疾人康复机构、救助站等社会福利机构保障儿童、老人、残疾人和救助对象生活必需的物品和居住场所；（3）法律、行政法规规定免予征用的其他民用资源。这三类民用资源免予征用。

99. 国务院领导和管理国防建设事业行使哪些职权？

答：国务院是最高国家行政机关。根据国防法第十二条规定，国务院领导和管理国防建设事业，行使下列职权：（1）编制国防建设发展规划和计划；（2）制定国防建设方面的方针、政策和行政法规；（3）领导和管理国防科研生产；（4）管理国防经费和国防资产；（5）领导和管理国民经济动员工作和人民武装动员、人民防空、国防交通等方面的有关工作；（6）领导和管理拥军优属工作和退出现役的军人的安置工作；（7）领导国防教育工作；（8）与中央军事委员会共同领导中国人民武装警察部队、民兵的建设和征兵、预备役工作以及边防、海防、空防的管理工作；（9）法律规定的与国防建设事业有关的其他职权。

100. 中央军事委员会领导全国武装力量行使哪些职权？

答：中央军事委员会是最高国家军事机关。根据国防法第十三条规定，中央军事委员会行使下列职权：（1）统一指挥全国武装力量；（2）决定军事战略和武装力量的作战方针；（3）领导和管理中国人民解放军的建设，制定规划、计划并组织实施；（4）向全国人民代表大会或者全国人民代表大会常务委员会提出议案；（5）根据宪法和法律，制定军事法规，发布决定和命令；（6）决定中国人民解放军的体制和编制，规定总部以及军区、军兵种和其他军区级单位的任务和职责；（7）依照法律、军事法规的规定，任免、培训、考核和奖惩武装力量成员；（8）批准武装力量的武器装备体制和武器装备发展规划、计划，协同国务院领导和管理国防科研生产；（9）会同国务院管理国防经费和国防资产；（10）法律规定的其他职权。

第二部分　国家安全法律制度知识试题

国家安全法律制度知识试题

【填空题】

1. _____是中华人民共和国的根本制度。禁止任何组织或者个人破坏_____。

2. 国家维护社会秩序，镇压_____的犯罪活动，制裁危害社会治安、破坏社会主义经济和其他犯罪的活动，惩办和改造犯罪分子。

3. 制定国家安全法，是为了维护国家安全，保卫_____和_____，保护人民的根本利益，保障改革开放和社会主义现代化建设的顺利进行，实现中华民族伟大复兴。

4. 国家安全是指_____、主权、统一和领土完整、_____、经济社会可持续发展和国家其他重大利益相对处于没有危险和不受内外威胁的状态，以及保障持续安全状态的能力。

5. 国家安全工作应当坚持总体国家安全观，以_____为宗旨，以_____为根本，以经济安全为基础，以军事、文化、社会安全为保障，以促进国际安全为依托，维护各领域国家安全，构建国家安全体系，走中国特色国家安全道路。

6. 坚持_____对国家安全工作的领导，建立集中统一、高效权威的国家安全领导体制。

7. _____负责国家安全工作的决策和议事协调，研究制定、指导实施国家安全战略和有关重大方针政策，统筹协调国家安全重大事项和重要工作，推动国家安全法治建设。

8. 国家制定并不断完善国家安全战略，全面评估国际、国内安全形势，明确国家安全战略的指导方针、中长期目标、重点领域的_____、工作任务和措施。

9. 维护国家安全，应当遵守宪法和法律，坚持_____原则，尊重和保障人权，依法保护公民的权利和自由。

10. 维护国家安全，应当与_____相协调。

11. 国家安全工作应当统筹_____安全和_____安全、国土安全和国民安全、_____安全和_____安全、自身安全和共同安全。

12. 维护国家安全，应当坚持预防为主、_____，_____与_____相结合，充分发挥专门机关和其他有关机关维护国家安全的职能作用，广泛动员公民和组织，防范、制止和依法惩治危害国家安全的行为。

13. 维护国家安全，应当坚持互信、互利、平等、协作，积极同外国政府和国际组织开展安全交流合作，履行国际安全义务，促进_____，维护世界和平。

14. 中华人民共和国公民、一切国家机关和武装力量、各_____和各_____、企业事业组织和其他社会组

137

织，都有维护国家安全的责任和义务。

15. 中国的主权和领土完整不容侵犯和分割。维护国家主权、统一和领土完整是包括_____同胞和_____同胞在内的全中国人民的共同义务。

16. 国家对在维护国家安全工作中作出突出贡献的_____和_____给予表彰和奖励。

17. 国家机关工作人员在国家安全工作和涉及国家安全活动中，_____、玩忽职守、徇私舞弊的，依法追究法律责任。

18. 任何个人和组织违反本法和有关法律，不履行维护国家安全义务或者从事_____活动的，依法追究法律责任。

19. 每年_____月_____日为全民国家安全教育日。

20. 维护国家安全，要把确保_____放到首位。

21. 国家坚持中国共产党的领导，维护_____制度，发展社会主义民主政治，健全社会主义法治，强化权力运行制约和监督机制，保障人民当家作主的各项权利。

22. 国家维护和发展最广大人民的根本利益，保卫人民安全，创造_____，保障公民的生命财产安全和其他合法权益。

23. 国家加强边防、海防和空防建设，采取一切必要的防卫和管控措施，保卫_____安全，维护国家领土主权和海洋权益。

24. 国家加强武装力量_____、_____、_____建设，建设与保卫国家安全和发展利益需要相适应的武装力量。

25. 开展国际军事安全合作，实施联合国维和、国际救援、海上护航和_____的军事行动。

26. 国家维护国家_____，健全预防和化解经济安全风险的制度机制，保障关系国民经济命脉的重要行业和关键领域、重点产业、重大基础设施和重大建设项目以及其他重大经济利益安全。

27. _____的基本经济制度，是中国特色社会主义制度的重要支柱。

28. 经济安全主要是指_____。

29. 国家健全_____和金融风险防范、处置机制，加强金融基础设施和基础能力建设，防范和化解系统性、区域性金融风险，防范和抵御外部金融风险的冲击。

30. 国家坚持社会主义先进文化前进方向，继承和弘扬中华民族优秀传统文化，培育和践行_____，防范和抵制不良文化的影响，掌握_____主导权，增强文化整体实力和竞争力。

31. 国家建设网络与信息安全保障体系，提升网络与信息安全保护能力，加强网络和信息技术的创新研究和开发应用，实现_____、关键基础设施和重要领域信息系统及数据的安全可控。

32. 加强网络管理，防范、制止和依法惩治_____、_____、网络窃密、散布违法有害信息等网络违法犯罪行为，维护国家网络空间主权、安全和发展利益。

33. 坚持各民族一律平等，加强民族_____，防范、制止和依法惩治民族分裂活动，维护国家统一、民族团结和社会和谐，实现各民族共同团结奋斗、共同繁荣发展。

34. 防范、制止和依法惩治民族分裂活动，维护_____、_____和_____，实现各民族共同团结奋斗、共同繁荣发展。

35. 国家依法保护公民宗教信仰自由和正常宗教活动，坚持_____的原则。

36. 防范、制止和依法惩治利用宗教名义进行_____，反对境外势力干涉境内宗教事务，维护正常宗教活动秩序。

37. 国家依法取缔邪教组织，防范、制止和依法惩治_____。

38. 国家反对一切形式的恐怖主义和_____，加强防范和处置恐怖主义的能力建设，依法开展情报、调查、防范、处置以及资金监管等工作，依法取缔恐怖活动组织和严厉惩治暴力恐怖活动。

39. 国家健全有效预防和化解社会矛盾的体制机制，健全_____体系，积极预防、减少和化解社会矛盾。

40. 国家妥善处置_____等影响国家安全和社会稳定的突发事件，促进社会和谐，维护公共安全和社会安定。

41. 国家完善生态环境保护制度体系，加大生态建设和环境保护力度，划定_____，强化生态风险的预警和防控。

42. 国家强化生态风险的_____，妥善处置突发环境事件，保障人民赖以生存发展的大气、水、土壤等自然环境和条件不受威胁和破坏，促进人与自然和谐发展。

43. 国家坚持和平利用核能和核技术，加强国际合作，防止核扩散，完善防扩散机制，加强对核设施、核材料、核活动和核废料处置的_____。

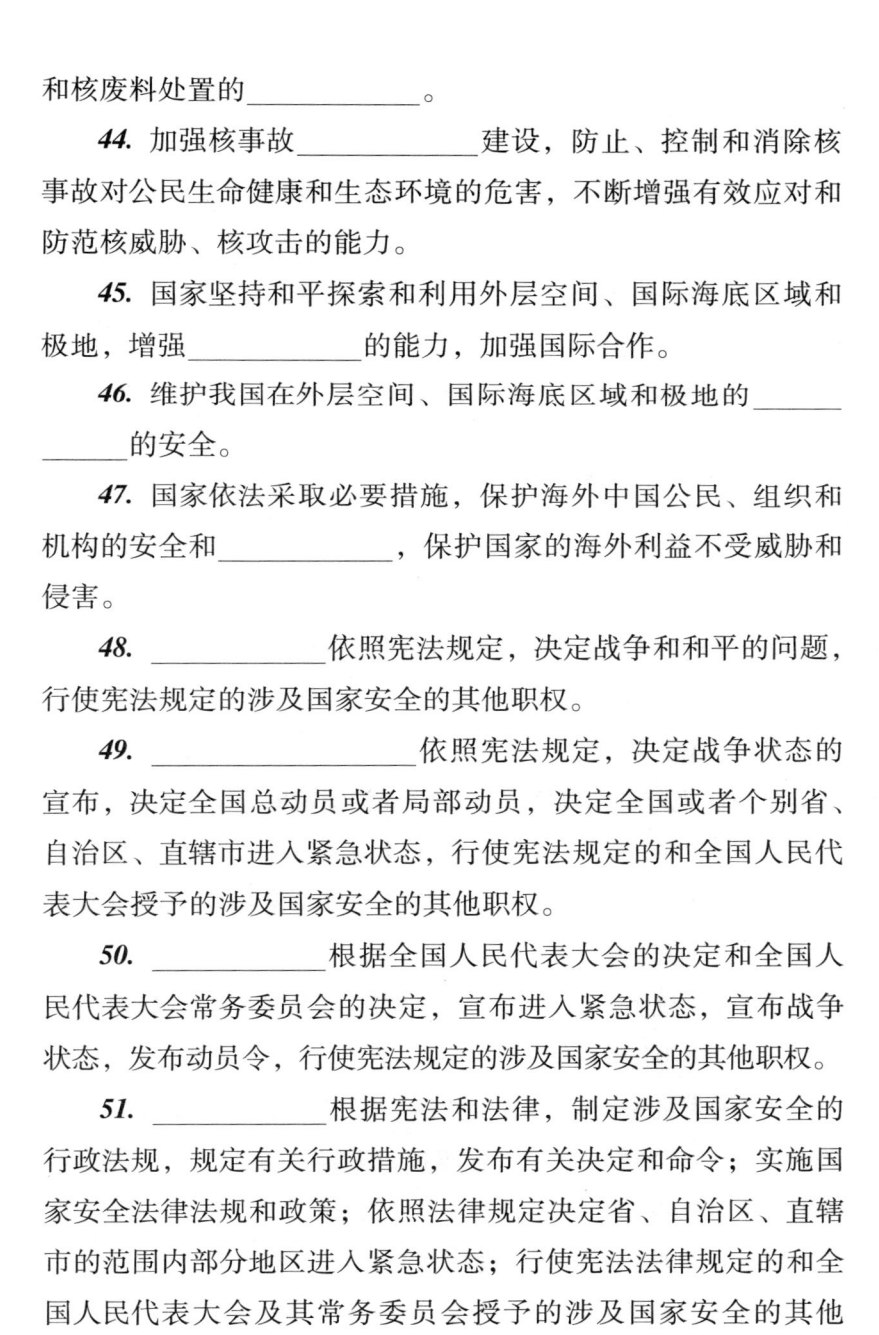

44. 加强核事故_____建设，防止、控制和消除核事故对公民生命健康和生态环境的危害，不断增强有效应对和防范核威胁、核攻击的能力。

45. 国家坚持和平探索和利用外层空间、国际海底区域和极地，增强_____的能力，加强国际合作。

46. 维护我国在外层空间、国际海底区域和极地的_____的安全。

47. 国家依法采取必要措施，保护海外中国公民、组织和机构的安全和_____，保护国家的海外利益不受威胁和侵害。

48. _____依照宪法规定，决定战争和和平的问题，行使宪法规定的涉及国家安全的其他职权。

49. _____依照宪法规定，决定战争状态的宣布，决定全国总动员或者局部动员，决定全国或者个别省、自治区、直辖市进入紧急状态，行使宪法规定的和全国人民代表大会授予的涉及国家安全的其他职权。

50. _____根据全国人民代表大会的决定和全国人民代表大会常务委员会的决定，宣布进入紧急状态，宣布战争状态，发布动员令，行使宪法规定的涉及国家安全的其他职权。

51. _____根据宪法和法律，制定涉及国家安全的行政法规，规定有关行政措施，发布有关决定和命令；实施国家安全法律法规和政策；依照法律规定决定省、自治区、直辖市的范围内部分地区进入紧急状态；行使宪法法律规定的和全国人民代表大会及其常务委员会授予的涉及国家安全的其他职权。

52. _____领导全国武装力量，决定军事战略和武装力量的作战方针，统一指挥维护国家安全的军事行动，制定涉及国家安全的军事法规，发布有关决定和命令。

53. 中央国家机关各部门按照职责分工，贯彻执行国家安全方针政策和法律法规，管理指导_____国家安全工作。

54. 地方各级人民代表大会和县级以上地方各级人民代表大会常务委员会在本行政区域内，保证国家安全法律法规的_____。

55. 地方各级人民政府依照法律法规规定_____的国家安全工作。

56. 香港特别行政区、澳门特别行政区应当履行_____的责任。

57. 人民法院依照法律规定行使_____，人民检察院依照法律规定行使检察权，惩治危害国家安全的犯罪。

58. _____依法搜集涉及国家安全的情报信息，在国家安全工作中依法行使侦查、拘留、预审和执行逮捕以及法律规定的其他职权。

59. 国家机关及其工作人员在履行职责时，应当贯彻_____的原则。

60. 国家机关及其工作人员在国家安全工作和涉及国家安全活动中，应当严格依法履行职责，不得_____，不得侵犯个人和组织的合法权益。

61. 中央国家安全领导机构实行_____、_____的国家安全制度与工作机制。

62. 国家建立国家安全_____，统筹协调中央有关职能部门推进相关工作。

63. 国家建立国家安全工作_____机制，确保国家安全战略和重大部署贯彻落实。

64. _____、_____应当采取有效措施，贯彻实施国家安全战略。

65. 国家根据维护国家安全工作需要，建立_____，就维护国家安全工作的重大事项进行会商研判，提出意见和建议。

66. 国家建立中央与地方之间、部门之间、军地之间以及地区之间关于国家安全的_____。

67. 国家建立国家安全_____，组织专家和有关方面开展对国家安全形势的分析研判，推进国家安全的科学决策。

68. 国家健全_____、反应灵敏、准确高效、运转顺畅的情报信息收集、研判和使用制度，建立_____机制，实现情报信息的及时收集、准确研判、有效使用和共享。

69. _____、_____、_____根据职责分工，依法搜集涉及国家安全的情报信息。

70. _____在履行职责过程中，对于获取的涉及国家安全的有关信息应当及时上报。

71. 开展情报信息工作，应当充分运用_____手段，加强对情报信息的鉴别、筛选、综合和研判分析。

72. 情报信息的报送应当_____、_____、_____不得迟报、漏报、瞒报和谎报。

73. 国家制定完善应对_____国家安全风险预案。

74. 国家建立国家安全_____，定期开展各领域国家安全风险调查评估。

75. 国家建立国家安全风险评估机制，定期开展各领域国家安全风险_____。

76. 有关部门应当定期向_____提交国家安全风险评估报告。

77. 国家健全国家安全_____，根据国家安全风险程度，及时发布相应风险预警。

78. 国家健全国家安全风险监测预警制度，根据国家安全风险程度，及时发布相应_____。

79. 对_____的危害国家安全的事件，县级以上地方人民政府及其有关主管部门应当立即按照规定向上一级人民政府及其有关主管部门报告，必要时可以越级上报。

80. 对可能即将发生或者已经发生的危害国家安全的事件，_____应当立即按照规定向上一级人民政府及其有关主管部门报告，必要时可以_____上报。

81. 国家建立_____，对影响或者可能影响国家安全的外商投资、特定物项和关键技术、网络信息技术产品和服务、涉及国家安全事项的建设项目，以及其他重大事项和活动，进行国家安全审查，有效预防和化解国家安全风险。

82. 国家建立国家安全审查和监管的制度和机制，对影响或者可能影响国家安全的_____、_____、_____、_____，以及其他重大事项和活动，进行国家安全审查，有效预防和化解国家安全风险。

83. 国家建立国家安全审查和监管的制度和机制，_____ _____国家安全风险。

84. _____依照法律、行政法规行使国家安全审查职责，依法作出国家安全审查决定或者提出安全审查意见并监督执行。

85. 中央国家机关各部门依照法律、行政法规行使国家安全审查职责，依法作出_____或者提出安全审查意见并监督执行。

86. _____依法负责本行政区域内有关国家安全审查和监管工作。

87. 国家建立_____、_____、_____的国家安全危机管控制度。

88. 发生危及国家安全的重大事件，中央有关部门和有关地方根据_____的统一部署，依法启动应急预案，采取管控处置措施。

89. 发生危及国家安全的特别重大事件，需要进入_____、_____或者进行_____、_____的，由全国人民代表大会、全国人民代表大会常务委员会或者国务院依照宪法和有关法律规定的权限和程序决定。

90. 国家决定进入紧急状态、战争状态或者实施国防动员后，履行国家安全危机管控职责的有关机关依照法律规定或者_____规定，有权采取限制公民和组织权利、增加公民和组织义务的特别措施。

91. 履行国家安全危机管控职责的有关机关依法采取处置国家安全危机的管控措施，应当与国家安全危机可能造成的危

145

害的性质、程度和范围相适应；有多种措施可供选择的，应当选择有利于_____保护公民、组织权益的措施。

92. 国家健全国家安全危机的信息报告和发布机制。国家安全危机事件发生后，履行国家安全危机管控职责的有关机关，应当按照规定准确、及时报告，并依法将有关国家安全危机事件发生、发展、管控处置及善后情况_____向社会发布。

93. 国家安全威胁和危害得到控制或者消除后，应当_____管控处置措施，做好善后工作。

94. 国家健全国家安全保障体系，增强_____的能力。

95. 国家健全国家安全法律制度体系，推动_____建设。

96. 国家加大对国家安全各项建设的投入，保障国家安全工作所需_____。

97. 承担国家安全战略物资储备任务的单位，应当按照国家有关规定和标准对国家安全物资进行收储、保管和维护，定期调整更换，保证储备物资的_____。

98. 鼓励国家安全领域_____，发挥科技在维护国家安全中的作用。

99. 国家采取必要措施，招录、培养和管理国家安全工作_____人才和_____人才。

100. 根据维护国家安全工作的需要，国家依法保护_____的身份和合法权益，加大人身保护和安置保障力度。

101. _____机关开展国家安全专门工作，可以依法采取必要手段和方式，有关部门和地方应当在职责范围内提供支持和配合。

102. 国家加强国家安全新闻宣传和舆论引导，通过多种形式开展国家安全宣传教育活动，将国家安全教育纳入_____体系和_____体系，增强全民国家安全意识。

103. 任何个人和组织不得有危害国家安全的行为，不得向危害国家安全的个人或者组织提供任何_____。

104. 公民和组织因支持、协助国家安全工作导致财产损失的，按照国家有关规定给予_____；造成人身伤害或者死亡的，按照国家有关规定给予_____。

105. 公民和组织对国家安全工作有向国家机关提出_____的权利，对国家机关及其工作人员在国家安全工作中的违法失职行为有提出_____、_____和_____的权利。

106. 在国家安全工作中，需要采取限制公民权利和自由的特别措施时，应当依法进行，并以_____为限度。

107. 根据《中华人民共和国反间谍法》，_____是反间谍工作的主管机关，公安、保密行政管理等其他有关部门和军队有关部门按照职责分工，密切配合，加强协调，依法做好有关工作。

108. 国家对支持、协助反间谍工作的组织和个人给予_____，对有重大贡献的给予奖励。

109. 国家安全机关的工作人员依法执行任务时，依照规定出示相应证件，有权查验中国公民或者_____的身份证明，向有关组织和人员调查、询问有关情况。

110. 国家安全机关的工作人员依法执行任务时，依照规定

147

出示相应证件，可以进入有关＿＿＿＿＿＿、单位；根据国家有关规定，经过批准，出示相应证件，可以进入＿＿＿＿＿＿＿＿＿＿。

111. 国家安全机关的工作人员依法执行任务时，根据国家有关规定，经过批准，出示相应证件，可以＿＿＿＿＿＿有关的档案、资料、物品。

112. 国家安全机关的工作人员在依法执行紧急任务的情况下，经出示相应证件，可以优先乘坐公共交通工具，遇交通阻碍时，＿＿＿＿＿＿。

113. 国家安全机关因反间谍工作需要，按照国家有关规定，可以优先使用或者依法＿＿＿＿＿＿机关、团体、企业事业组织和个人的交通工具、通信工具、场地和建筑物，必要时，可以设置相关工作场所和设备、设施，任务完成后应当及时归还或者恢复原状，并依照规定支付相应费用；造成损失的，应当补偿。

114. 国家安全机关因反间谍工作需要，可以依照规定查验有关组织和个人的电子通信工具、器材等设备、设施。查验中发现存在危害国家安全情形的，国家安全机关应当责令其整改；＿＿＿＿＿＿或者整改后仍不符合要求的，可以予以查封、扣押。

115. 国家安全机关对用于间谍行为的工具和其他财物，以及用于资助间谍行为的资金、场所、物资，经设区的市级以上国家安全机关负责人批准，可以依法＿＿＿＿＿＿。

116. 国家安全机关根据反间谍工作需要，可以会同有关部门制定反间谍技术防范标准，＿＿＿＿＿＿有关部门落实反间

148

谍技术防范措施，对存在隐患的部门，经过严格的批准手续，可以进行反间谍技术防范检查和检测。

117. 国家安全机关及其工作人员依法履行反间谍工作职责获取的组织和个人的信息、材料，只能用于_____。对属于国家秘密、商业秘密和个人隐私的，应当保密。

118. 公民和组织应当为反间谍工作提供便利或者其他协助。因协助反间谍工作，本人或者其近亲属的人身安全面临危险的，可以向_____请求予以保护。国家安全机关应当会同有关部门依法采取保护措施。

119. 公民和组织发现间谍行为，应当及时向_____报告；向公安机关等其他国家机关、组织报告的，相关国家机关、组织应当立即移送国家安全机关处理。

120. 在国家安全机关调查了解有关间谍行为的情况、收集有关证据时，有关组织和个人应当_____，不得拒绝。

121. 任何公民和组织都应当保守_____有关反间谍工作的国家秘密。

122. 任何个人和组织都不得非法持有属于国家秘密的文件、资料和其他物品。对非法持有属于国家秘密的文件、资料和其他物品的，国家安全机关可以依法对其人身、物品、住处和其他有关的地方进行搜查，对其非法持有的属于国家秘密的文件、资料和其他物品予以_____。

123. 专用间谍器材由国务院_____主管部门依照国家有关规定确认。

124. 对协助国家安全机关工作的个人和组织，任何个人和组织不得压制和_____。

149

125. 在境外受胁迫或者受诱骗参加敌对组织、间谍组织，从事危害中华人民共和国国家安全的活动，及时向中华人民共和国驻外机构如实说明情况，或者入境后＿＿＿＿＿及时向国家安全机关、公安机关如实说明情况，并有悔改表现的，可以不予追究。

126. 明知他人有间谍犯罪行为，在国家安全机关向其调查有关情况、收集有关证据时，＿＿＿＿＿，由其所在单位或者上级主管部门予以处分，或者由国家安全机关处十五日以下行政拘留；构成犯罪的，依法追究刑事责任。

127. ＿＿＿＿＿国家安全机关依法执行任务，未使用暴力、威胁方法，造成严重后果的，依法追究刑事责任；情节较轻的，由国家安全机关处十五日以下行政拘留。

128. 泄露有关反间谍工作的国家秘密的，由国家安全机关处＿＿＿＿＿日以下行政拘留；构成犯罪的，依法追究刑事责任。

129. 隐藏、转移、变卖、损毁国家安全机关依法查封、扣押、冻结的财物的，或者明知是间谍活动的涉案财物而窝藏、转移、收购、代为销售或者以其他方法＿＿＿＿＿的，由国家安全机关追回。构成犯罪的，依法追究刑事责任。

130. 境外人员违反《中华人民共和国反间谍法》的，可以限期离境或者＿＿＿＿＿。

131. 国家安全机关、公安机关依照法律、行政法规和国家有关规定，履行防范、制止和惩治间谍行为以外的其他危害国家安全行为的职责，适用＿＿＿＿＿的有关规定。

132. 国家不向任何恐怖活动组织和人员作出妥协，不向任何恐怖活动人员提供_____或者给予_____地位。

133. 电信业务经营者、互联网服务提供者应当依照法律、行政法规规定，落实网络安全、信息内容监督制度和安全技术防范措施，防止含有恐怖主义、极端主义内容的信息传播；发现含有恐怖主义、极端主义内容的信息的，应当_____，_____，_____，并向_____报告。

134. 网信、电信、公安、国家安全等主管部门对含有恐怖主义、极端主义内容的信息，应当按照职责分工，及时责令有关单位_____、_____，或者_____、_____。有关单位应当立即执行，并_____，协助进行调查。对互联网上跨境传输的含有恐怖主义、极端主义内容的信息，电信主管部门应当采取技术措施，_____。

135. 铁路、公路、水上、航空的货运和邮政、快递等物流运营单位应当实行_____，对客户身份进行查验，依照规定对运输、寄递物品进行_____。

136. 电信、互联网、金融、住宿、长途客运、机动车租赁等业务经营者、服务提供者，应当_____。对_____的，不得提供服务。

137. 对管制器具、危险化学品、民用爆炸物品，国务院有关主管部门或者省级人民政府根据需要，在特定区域、特定时间，可以决定对生产、进出口、运输、_____、_____、报废实施_____，可以禁止使用_____、_____进行交易或者对交易活动作出其他限制。

138. 地方各级人民政府应当根据需要，组织、督促有关建设单位在主要道路、交通枢纽、城市公共区域的重点部位，配

151

备、安装_____等防范恐怖袭击的技防、物防设备、设施。

139. 对被教唆、胁迫、引诱参与恐怖活动、极端主义活动，或者参与恐怖活动、极端主义活动情节轻微，尚不构成犯罪的人员，公安机关应当组织有关部门、_____、_____、_____、_____、_____和_____对其进行帮教。

140. 对恐怖活动罪犯和极端主义罪犯被判处徒刑以上刑罚的，监狱、看守所应当在刑满释放前根据其_____、_____和_____，_____，_____等进行社会危险性评估。进行社会危险性评估，应当听取有关基层组织和原办案机关的意见。经评估具有社会危险性的，监狱、看守所应当_____，并将建议书副本抄送_____。

141. 公安机关调查恐怖活动嫌疑，可以依照有关法律规定对嫌疑人员进行盘问、检查、传唤，可以提取或者采集_____、_____、_____等人体生物识别信息和_____、_____、_____等生物样本，并留存其_____。

142. 应对处置恐怖事件，各级反恐怖主义工作领导机构应当成立由有关部门参加的指挥机构，实行_____负责制。_____可以担任指挥长，也可以确定_____或者_____担任指挥长。

143. 应对处置恐怖事件，应当优先保护_____的人身安全。

144. 人民警察、人民武装警察以及其他依法配备、携带武器的应对处置人员，对_____的人员，经警告无效的，可以使用武器；紧急情况下或者警告后可能导致更为严重危害后果的，可以直接使用武器。

145. 任何单位和个人不得编造、传播＿＿＿＿＿＿；不得报道、传播可能引起模仿的＿＿＿＿＿＿；不得发布恐怖事件中＿＿＿＿＿＿的场景；在恐怖事件的应对处置过程中，除新闻媒体经负责发布信息的反恐怖主义工作领导机构批准外，不得报道、传播现场＿＿＿＿＿＿、＿＿＿＿＿＿和＿＿＿＿＿＿＿＿＿＿＿＿。

146. 恐怖事件应对处置结束后，各级人民政府应当组织有关部门帮助受影响的单位和个人＿＿＿＿＿＿，稳定受影响地区的＿＿＿＿＿＿。

147. 通过反恐怖主义国际合作取得的材料可以在＿＿＿＿＿＿、＿＿＿＿＿＿中作为证据使用，但＿＿＿＿＿＿的除外。

148. 公安机关、国家安全机关、中国人民解放军、中国人民武装警察部队因履行反恐怖主义职责的紧急需要，根据国家有关规定，可以征用单位和个人的财产。任务完成后应当＿＿＿＿＿＿，并＿＿＿＿＿＿；造成损失的，＿＿＿＿＿＿。

149. 明知他人有恐怖活动犯罪、极端主义犯罪行为，窝藏、包庇，情节轻微，尚不构成犯罪的，或者在司法机关向其调查有关情况、收集有关证据时，拒绝提供的，由公安机关处＿＿＿＿＿＿拘留，可以并处＿＿＿＿＿＿罚款。

150. 对依照本法规定查封、扣押、冻结、扣留、收缴的物品、资金等，经审查发现与恐怖主义无关的，应当＿＿＿＿＿＿＿＿＿＿＿＿。

151. 以＿＿＿＿＿＿方式实现祖国统一，最符合台湾海峡两岸同胞的根本利益。

152. 中华人民共和国领海基线采用_____划定，由各相邻基点之间的直线连线组成。

153. 外国非军用船舶，享有_____通过中华人民共和国领海的权利。

154. 中华人民共和国的专属经济区，为中华人民共和国领海以外并邻接领海的区域，从测算领海宽度的基线量起延至_____。

155. 中华人民共和国为勘查大陆架和开发大陆架的自然资源，对大陆架行使_____。

156. _____领导和管理国防建设事业。

157. _____领导全国武装力量。

158. _____统一领导边防、海防和空防的防卫工作。

159. 国家保障国防事业的必要经费。国防经费的增长应当与_____相适应。

160. _____共同领导全国的国防动员工作。

161. _____设立由本级人民政府主要负责人、相关部门负责人、驻当地中国人民解放军和中国人民武装警察部队有关负责人组成的突发事件应急指挥机构，统一领导、协调本级人民政府各有关部门和下级人民政府开展突发事件应对工作。

162. 县级以上人民政府作出应对突发事件的决定、命令，应当报本级人民代表大会常务委员会_____。

163. _____决定全国或者个别省、自治区、直辖市进入紧急状态。

164. ＿＿＿＿＿＿依照法律规定决定省、自治区、直辖市的范围内部分地区进入紧急状态。

165. 突发事件应对法所称突发事件，是指突然发生，造成或者可能造成严重社会危害，需要采取应急处置措施予以应对的＿＿＿＿＿＿＿＿＿＿＿＿＿＿。

166. 按照社会危害程度、影响范围等因素，自然灾害、事故灾难、公共卫生事件分为＿＿＿＿＿＿四级。

167.《中华人民共和国突发事件应对法》规定，发生特别重大突发事件，需要进入紧急状态的，由＿＿＿＿＿＿依照宪法和其他有关法律规定的权限和程序决定。

168.《中华人民共和国突发事件应对法》规定，紧急状态期间采取的非常措施，依照有关法律规定执行或者由＿＿＿＿＿＿＿＿另行规定。

169.《中华人民共和国戒严法》规定，在发生严重危及国家的统一、安全或者社会公共安全的＿＿＿＿＿＿、＿＿＿＿＿＿或者＿＿＿＿＿＿，不采取非常措施不足以维护社会秩序、保护人民的生命和财产安全的紧急状态时，国家可以决定实行戒严。

170. 戒严地区内的一切组织和个人，必须严格遵守＿＿＿＿＿＿＿＿和实施戒严令的规定，积极协助人民政府恢复正常社会秩序。

【选择题】

1. 中华人民共和国公民有(　　)的义务。

A. 履行宪法和法律规定

B. 维护国家统一和全国各民族团结

C. 依照法律服兵役和参加民兵组织

D. 依照法律纳税

2. 中华人民共和国公民有维护祖国的(　　)的义务。

A. 安全

B. 荣誉

C. 利益

D. 形象

3. 国家安全法的立法宗旨是(　　)。

A. 保卫人民民主专政的政权

B. 保卫中国特色社会主义制度

C. 保护人民的根本利益

D. 保障改革开放和社会主义现代化建设的顺利进行

E. 实现中华民族伟大复兴

4. 国家安全是指(　　)相对处于没有危险和不受内外威胁的状态,以及保障持续安全状态的能力。

A. 国家政权

B. 国家主权

C. 国家统一和领土完整

D. 人民福祉

E. 经济社会可持续发展

F. 国家其他重大利益

5. 以下属于国家安全事件的是(　　)。

A. "台独"事件

B. 流感

C. 严重暴力恐怖活动

D. 非物质文化遗产保护

E. 国际金融危机冲击

6. 坚持总体国家安全观,以(　　)为宗旨,以(　　)为根本,以(　　)为基础,以(　　)为保障,以促进(　　)为依托。

A. 人民安全

B. 政治安全

C. 经济安全

D. 军事安全

E. 文化安全

F. 社会安全

G. 国际安全

7. 坚持(　　)对国家安全工作的领导,建立集中统一、高效权威的国家安全领导体制。

A. 中国共产党

B. 各级党委和政府

C. 国家安全专门机关

D. 全国人民代表大会

8. (　　)负责国家安全工作的决策和议事协调,研究制定、指导实施国家安全战略和有关重大方针政策,统筹协调国

157

家安全重大事项和重要工作，推动国家安全法治建设。

  A. 中央国家安全领导机构

  B. 中国共产党中央委员会

  C. 国家安全部

  D. 中央军事委员会

9. 制定国家安全战略的主要考虑（ ）。

  A. 全面评估国际、国内安全形势

  B. 明确国家安全战略的指导方针、中长期目标

  C. 明确重点领域的国家安全政策、工作任务和措施

  D. 处置国家安全重大事件

10. 维护国家安全，应当（ ）。

  A. 遵守宪法和法律

  B. 坚持社会主义法治原则

  C. 尊重和保障人权

  D. 依法保护公民的权利和自由

11. 维护国家安全，应当与（ ）相协调。

  A. 经济社会发展

  B. 文化发展

  C. 生态发展

  D. 党的建设

12. 国家安全工作应当统筹（ ）。

  A. 内部安全和外部安全

  B. 国土安全和国民安全

  C. 传统安全和非传统安全

  D. 自身安全和共同安全

13. 维护国家安全，应当坚持预防为主、标本兼治的原则，注重(   )。

A. 专门工作与群众路线相结合

B. 充分发挥专门机关和其他有关机关维护国家安全的职能作用

C. 广泛动员公民和组织

D. 从重从快处理危害国家安全案件

14. 维护国家安全，应当坚持共同安全的原则，坚持(   )。

A. 互信、互利、平等、协作

B. 共同、综合、合作、可持续

C. 亲、诚、惠、容

D. 和平、发展、合作、共赢

15. 中华人民共和国(   )，都有维护国家安全的责任和义务。

A. 公民

B. 一切国家机关和武装力量

C. 各政党和各人民团体

D. 企业事业组织和其他社会组织

16. 维护国家主权、统一和领土完整是包括(   )在内的全中国人民的共同义务。

A. 香港同胞

B. 澳门同胞

C. 台湾同胞

D. 外籍华人

17. 国家对在维护国家安全工作中作出突出贡献的(   )

给予表彰和奖励。

A. 个人

B. 组织

C. 外国人

D. 外国组织

18. 国家机关工作人员在国家安全工作和涉及国家安全活动中，如有（　　）行为，将被依法追究法律责任。

A. 滥用职权

B. 玩忽职守

C. 徇私舞弊

D. 揽功诿过

19. 任何个人和组织有（　　）行为的，将被依法追究法律责任。

A. 违反国家安全法

B. 不履行维护国家安全义务

C. 从事危害国家安全活动

D. 违反其他有关法律

20. 每年（　　）为全民国家安全教育日。

A. 10 月 1 日

B. 4 月 15 日

C. 9 月 18 日

D. 7 月 1 日

21. 维护人民安全，要做到（　　）。

A. 维护和发展最广大人民的根本利益

B. 保卫人民安全

C. 创造良好生存发展条件和安定工作生活环境

D. 保障公民的生命财产安全和其他合法权益

22. 维护国土安全的目标是( )。

A. 加强边防、海防和空防建设

B. 采取必要的防卫和管控措施

C. 保卫领陆、内水、领海和领空安全

D. 维护国家领土主权和海洋权益

23. 我国的领土包括( )。

A. 领陆

B. 内水

C. 领海

D. 领空

24. 国家保障( )以及其他重大经济利益安全。

A. 关系国民经济命脉的重要行业和关键领域

B. 重点产业

C. 重大基础设施

D. 重大建设项目

25. 国家加强网络管理，防范、制止和依法惩治( )等网络违法犯罪行为，维护国家网络空间主权、安全和发展利益。

A. 网络攻击

B. 网络入侵

C. 网络窃密

D. 散布违法有害信息

26. 国家健全有效预防和化解社会矛盾的体制机制，健全公共安全体系，积极预防、减少和化解社会矛盾，妥善处置

(　　)等影响国家安全和社会稳定的突发事件。

A. 公共卫生

B. 自然灾害

C. 安全生产

D. 社会安全

27. 国家坚持和平利用核能和核技术，加强国际合作，防止核扩散，完善防扩散机制，加强对(　　)处置的安全管理、监管和保护。

A. 核设施

B. 核材料

C. 核活动

D. 核废料

28. 国家坚持和平探索和利用(　　)，增强安全进出、科学考察、开发利用的能力。

A. 外层空间

B. 电磁空间

C. 国际海底区域

D. 极地

29. 全国人民代表大会依照宪法规定，(　　)，履行维护国家安全的职责。

A. 决定战争和和平的问题

B. 决定战争状态的宣布

C. 决定全国总动员或者局部动员

D. 行使宪法规定的涉及国家安全的其他职权

30. 全国人民代表大会常务委员会依照宪法规定，(　　)，履行维护国家安全的职责。

A. 决定战争状态的宣布

B. 决定全国总动员或者局部动员

C. 决定全国或者个别省、自治区、直辖市进入紧急状态

D. 行使宪法规定的和全国人民代表大会授予的涉及国家安全的其他职权

31. 中华人民共和国主席根据（   ）的决定，宣布进入紧急状态，宣布战争状态，发布动员令，行使宪法规定的涉及国家安全的其他职权。

A. 国务院

B. 全国人民代表大会

C. 全国人民代表大会常务委员会

D. 中央军事委员会

32. 国务院根据宪法和法律，（   ），履行维护国家安全的职责。

A. 制定涉及国家安全的行政法规，规定有关行政措施，发布有关决定和命令

B. 实施国家安全法律法规和政策

C. 依照法律规定决定省、自治区、直辖市的范围内部分地区进入紧急状态

D. 行使宪法法律规定的和全国人大及其常委会授予的涉及国家安全的其他职权

33. （   ）领导全国武装力量，决定军事战略和武装力量的作战方针，统一指挥维护国家安全的军事行动，制定涉及国家安全的军事法规，发布有关决定和命令。

A. 中华人民共和国主席

B. 国务院

C. 中央军事委员会

D. 全国人民代表大会

34. 中央国家机关各部门按照职责分工，（   ），贯彻执行国家安全方针政策和法律法规，管理指导本系统、本领域国家安全工作。

A. 组织本机关、本单位人员学习贯彻落实党和国家有关国家安全工作的方针政策、法律法规

B. 对本机关、本单位的人员进行维护国家安全的教育，动员、组织本机关、本单位的人员防范、制止危害国家安全的行为，履行维护国家安全的义务

C. 组织本机关、本单位人员在依法履行职责的日常工作当中，贯彻执行维护国家安全的原则和要求

D. 组织本机关、本单位人员依法支持、配合有关专门机关维护国家安全的专门工作，保守所知悉的专门工作涉及的国家秘密事项

35. 地方各级人民代表大会和县级以上地方各级人民代表大会常务委员会在本行政区域内，（   ），保证国家安全法律法规的遵守和执行。

A. 制定地方性法规

B. 决定本行政区域内的重大事项

C. 行使监督权

D. 履行行政管理职责

36. 地方各级人民政府依照法律法规规定管理本行政区域

内的国家安全工作，具体表现在（　　）方面。

A. 县级以上的地方各级人民政府执行本级人大及其常委会的决议，以及上级国家行政机关的决定和命令，规定行政措施，发布决定和命令

B. 乡、民族乡、镇的人民政府执行本级人大的决议和上级国家行政机关的决定和命令，发布决定和命令

C. 制定地方性法规

D. 管理本行政区域内的行政工作

37. 人民法院依照法律规定行使审判权，人民检察院依照法律规定行使检察权，惩治危害国家（　　）等方面的犯罪。

A. 政治安全、国土安全

B. 经济安全、金融安全

C. 粮食安全、资源能源安全

D. 文化安全、网络安全

38. （　　）依法搜集涉及国家安全的情报信息，在国家安全工作中依法行使侦查、拘留、预审和执行逮捕以及法律规定的其他职权。

A. 人民法院

B. 国家安全机关

C. 公安机关

D. 有关军事机关

39. 国家安全机关、公安机关依法搜集涉及国家安全的情报信息，在国家安全工作中依法行使（　　）以及法律规定的其他职权。

A. 侦查

B. 拘留

C. 预审

D. 执行逮捕

40. 国家机关及其工作人员在国家安全工作和涉及国家安全活动中，应当严格依法履行职责，不得(　　)。

A. 超越职权

B. 滥用职权

C. 侵犯个人的合法权益

D. 侵犯组织的合法权益

41. 中央国家安全领导机构实行(　　)的国家安全制度与工作机制。

A. 统分结合

B. 协调高效

C. 高度集中

D. 垂直领导

42. 下列(　　)部门属于国家安全重点领域工作协调机制统筹协调的对象？

A. 某省人民政府

B. 中央某部委

C. 某人民团体

D. 国务院某部委

43. 国家建立国家安全工作督促检查和责任追究机制，确保(　　)贯彻落实。

A. 宪法

B. 国家安全法

C. 国家安全战略

D. 重大部署

44.（　　）应当采取有效措施，贯彻实施国家安全战略。

A. 各部门

B. 各地区

C. 各民主党派

D. 各人民团体

45. 国家根据维护国家安全工作需要，建立跨部门会商工作机制，就维护国家安全工作的重大事项进行(　　)，提出意见和建议。

A. 会商

B. 协商

C. 研判

D. 谈判

46. 国家建立(　　)关于国家安全的协同联动机制。

A. 中央与地方之间

B. 部门之间

C. 军地之间

D. 地区之间

47. 国家建立国家安全决策咨询机制，组织(　　)开展对国家安全形势的分析研判，推进国家安全的科学决策。

A. 专家

B. 各部门

C. 各地区

D. 有关方面

48. 国家健全(　　)的情报信息收集、研判和使用制度，建立情报信息工作协调机制，实现情报信息的及时收集、准确研判、有效使用和共享。

A. 统一归口

B. 反应灵敏

C. 准确高效

D. 运转顺畅

49. (　　)根据职责分工，依法搜集涉及国家安全的情报信息。

A. 国家安全机关

B. 公安机关

C. 有关军事机关

D. 有关人民团体

50. (　　)在履行职责过程中，对于获取的涉及国家安全的有关信息应当及时上报。

A. 民政部门

B. 卫生部门

C. 国家机关各部门

D. 环境保护部门

51. 开展情报信息工作，应当充分运用现代科学技术手段，加强对情报信息的(　　)。

A. 鉴别

B. 筛选

C. 综合

D. 研判分析

52. 情报信息的报送应当(　　)，不得迟报、漏报、瞒报和谎报。

A. 及时

B. 准确

C. 客观

D. 生动

53. 下列关于国家安全风险预防、评估和预警的选项哪些是正确的。(　　)

A. 国家制定完善应对各领域国家安全风险预案

B. 国家建立国家安全风险评估机制，定期开展各领域国家安全风险调查评估

C. 有关部门应当定期向国务院提交国家安全风险评估报告

D. 国家健全国家安全风险监测预警制度，根据国家安全风险程度，及时发布相应风险预警

54. 国家对哪些影响或者可能影响国家安全的事项和活动，进行国家安全审查(　　)。

A. 外商投资

B. 特定物项和关键技术

C. 网络信息技术产品和服务保护人民的根本利益

D. 涉及国家安全事项的建设项目以及其他重大事项和活动

55. 国家建立(　　)的国家安全危机管控制度。

A. 统一领导

B. 协同联动

C. 有序高效

D. 各负其责

56. 发生危及国家安全的重大事件，（　　）根据中央国家安全领导机构的统一部署，依法启动应急预案，采取管控处置措施。

A. 全国各族人民

B. 中央有关部门

C. 有关地方

D. 有关企业

57. 发生危及国家安全的特别重大事件，需要进入紧急状态、战争状态或者进行全国总动员、局部动员的，由（　　）依照宪法和有关法律规定的权限和程序决定。

A. 中共中央

B. 全国人民代表大会

C. 全国人民代表大会常务委员会

D. 国务院

58. 国家决定进入紧急状态、战争状态或者实施国防动员后，履行国家安全危机管控职责的有关机关依照（　　），有权采取限制公民和组织权利、增加公民和组织义务的特别措施。

A. 中共中央规定

B. 国务院规定

C. 法律规定

D. 全国人民代表大会常务委员会规定

59. 履行国家安全危机管控职责的有关机关依法采取处置国家安全危机的管控措施，应当与国家安全危机可能造成的危害的（　　）相适应；有多种措施可供选择的，应当选择有利于最大程度保护公民、组织权益的措施。

A. 性质

B. 种类

C. 程度

D. 范围

60. 国家安全危机事件发生后,履行国家安全危机管控职责的有关机关,应当按照规定准确、及时报告,并依法将有关国家安全危机事件( )统一向社会发布。

A. 发生

B. 发展

C. 管控处置

D. 善后情况

61. 国家安全威胁和危害( )后,应当及时解除管控处置措施,做好善后工作。

A. 消失

B. 得到控制

C. 消灭

D. 消除

62. 国家安全保障体系包括( )。

A. 法律保障

B. 财政保障、物资保障

C. 科技保障

D. 人才保障、专门工作手段保障等

63. 贯彻落实总体国家安全观,加快国家安全法治建设,构建国家安全法律制度体系是( )重要会议上首次提出的。

A. 中国共产党第十八次全国代表大会

B. 中国共产党十八届三中全会

C. 中国共产党十八届四中全会

D. 中国共产党十八届五中全会

64. 我国国家安全法律制度体系包括(　　)。

A. 宪法有关条款专门对国家安全问题作出的规定

B. 国家安全法等涉及国家安全领域的专门立法

C. 刑法分则第一章危害国家安全罪的规定

D. 上海市人大常委会通过的国防教育条例

65. 承担国家安全战略物资储备任务的单位应当(　　)。

A. 按照国家有关规定和标准对国家安全物资进行收储、保管和维护

B. 对储备物资定期调整更换

C. 为实现保值、增值可以出租、出借储备物资

D. 保证储备物资的使用效能和安全

66. 国家对国家安全工作专门人才给予的保障包括(　　)。

A. 采取必要措施，招录、培养和管理国家安全工作专门人才和特殊人才

B. 根据维护国家安全工作的需要，并依法采取保障措施

C. 依法保护有关机关专门从事国家安全工作人员的身份和合法权益

D. 加大人身保护和安置保障力度

67. 下列(　　)关于专门工作手段保障的说法是正确的。

A. 国家安全机关、公安机关、有关军事机关开展国家安全专门工作时，才可以采取必要手段和方式

B. 采取必要手段和方式应当依法进行

C. 有关部门和地方应当在职责范围内提供支持和配合

D. 有关部门和地方在配合国家安全机关、公安机关、有关军事机关工作时，也可以采取技术侦察措施侦察危害国家安全的行为

68. 国家安全宣传教育保障包括(　　)。

A. 国家加强国家安全新闻宣传和舆论引导

B. 通过多种形式开展国家安全宣传教育活动

C. 将国家安全教育纳入国民教育体系和公务员教育培训体系

D. 增强全民国家安全意识

69. 反间谍工作应当坚持以下原则(　　)。

A. 坚持中央统一领导的原则

B. 坚持公开工作与秘密工作相结合、专门工作与群众路线相结合的原则

C. 坚持统筹兼顾的原则

D. 坚持积极防御、依法惩治的原则

70. 机关、团体和其他组织应当承担(　　)反间谍工作义务。

A. 对本单位的人员进行维护国家安全的教育

B. 动员本单位的人员防范、制止间谍行为

C. 组织本单位的人员防范、制止间谍行为

D. 发现间谍行为时，及时向国家安全机关报告

71. 根据《中华人民共和国反间谍法》，国家安全机关依法执行任务时，可以(　　)。

A. 查验中国公民或者境外人员的身份证明，向有关组织和人员调查、询问有关情况

B. 经出示相应证件，进入有关场所、单位

C. 查阅或者调取有关的档案、资料、物品

D. 优先使用或者依法征用机关、团体、企业事业组织和个人的交通工具、通信工具、场地和建筑物

72. 根据反间谍法，有（　　）行为的，可由国家安全机关处十五日以下行政拘留。

A. 明知他人有间谍犯罪行为，在国家安全机关向其调查有关情况、收集有关证据时，拒绝提供，尚不构成犯罪的

B. 故意阻碍国家安全机关依法执行任务，未使用暴力、威胁方法，情节较轻，尚不构成犯罪的

C. 泄露有关反间谍工作的国家秘密，尚不构成犯罪的

D. 非法持有属于国家秘密的文件、资料和其他物品，尚不构成犯罪的

73. 阻碍国家安全机关依法执行任务的，将承担以下（　　）法律责任。

A. 以暴力、威胁方法阻碍国家安全机关依法执行任务的，依法追究刑事责任

B. 故意阻碍国家安全机关依法执行任务，未使用暴力、威胁方法，造成严重后果的，依法追究刑事责任

C. 故意阻碍国家安全机关依法执行任务，未使用暴力、威胁方法的，由本单位予以批评教育

D. 故意阻碍国家安全机关依法执行任务，未使用暴力、威胁方法，情节较轻的，由国家安全机关处十五日以下行政拘留

74. 根据《中华人民共和国反间谍法》，间谍行为包括下列（　　）行为。

A. 间谍组织及其代理人实施或者指使、资助他人实施，或

者境内外机构、组织、个人与其相勾结实施的危害中华人民共和国国家安全的活动

B. 参加间谍组织或者接受间谍组织及其代理人的任务的

C. 间谍组织及其代理人以外的其他境外机构、组织、个人实施或者指使、资助他人实施，或者境内机构、组织、个人与其相勾结实施的窃取、刺探、收买或者非法提供国家秘密或者情报，或者策动、引诱、收买国家工作人员叛变的活动

D. 为敌人指示攻击目标的

75. 以下（　　）行为属于《中华人民共和国反间谍法》规定的间谍行为。

A. K国间谍李小姐指使某大学学生小赵定期拍摄记录学校附近军事禁区飞机起降情况

B. 退伍军人小王通过网络招聘结识T国间谍孙先生后，接受孙先生布置的向仍在部队服役的老战友了解有关涉密情况的任务

C. M国学者赖先生资助某军工企业职员小钱窃取该企业中的国家秘密事项

D. 从国家机关退休的老林在D国商人周先生的资助下，引诱、收买其原来的下属，现任国家机关某部门负责人的小郑叛变

76. 反恐怖主义工作坚持（　　）的原则。

A. 专门工作与群众路线相结合

B. 防范为主、惩防结合

C. 先发制敌、保持主动

D. 尊重和保障人权

77. 被认定的恐怖活动组织和人员对认定不服的，可以通过（　　）申请复核。

A. 公安机关

B. 人民代表大会常务委员会

C. 人民政府

D. 国家反恐怖主义工作领导机构的办事机构

78. 根据刑事诉讼法的规定，(　　)在审判刑事案件的过程中，可以依法认定恐怖活动组织和人员。

A. 有管辖权的中级以上人民法院

B. 有管辖权的高级人民法院

C. 最高人民法院

D. 有管辖权的省级人民检察院

79. (　　)应当为公安机关、国家安全机关依法进行防范、调查恐怖活动提供技术接口和解密等技术支持和协助。

A. 网络信息部门

B. 电信业务经营者

C. 工业和信息化部门

D. 互联网服务提供者

80. 电信业务经营者、互联网服务提供者发现含有恐怖主义、极端主义内容的信息的，应当立即(　　)。

A. 停止传输

B. 保存相关记录

C. 密切关注

D. 删除相关信息

E. 向公安机关或者有关部门报告

81. 地方各级人民政府应当根据需要，组织、督促有关建设单位在(　　)的重点部位，配备、安装公共安全视频图像信息系统等防范恐怖袭击的技防、物防设备、设施。

A. 主要道路

B. 主要村庄

C. 交通枢纽

D. 城市公共区域

E. 住宅小区

82. 重点目标的管理单位应当履行下列职责：（　　）

A. 制定防范和应对处置恐怖活动的预案、措施，定期进行培训和演练

B. 建立反恐怖主义工作专项经费保障制度，配备、更新防范和处置设备、设施

C. 指定相关机构或者落实责任人员，明确岗位职责

D. 实行风险评估，实时监测安全威胁，完善内部安全管理

E. 定期向公安机关和有关部门报告防范措施落实情况

83. 出入境证件签发机关、出入境边防检查机关对恐怖活动人员和恐怖活动嫌疑人员，有权（　　）。

A. 严密监控其入境后的行为

B. 决定不准其出境入境

C. 不予签发出境入境证件

D. 宣布其出境入境证件作废

84. 反恐怖主义工作领导机构、有关部门和单位、个人应当对履行反恐怖主义工作职责、义务过程中知悉的（　　）予以保密。

A. 国家秘密

B. 商业秘密

C. 个人隐私

D. 政府文件

85. 公安机关调查恐怖活动嫌疑，经县级以上公安机关负责人批准，可以查询嫌疑人员的存款、汇款、债券、股票、基金份额等财产，可以采取（　　）措施。

A. 监控

B. 查封

C. 扣押

D. 冻结

86. 有关单位和个人对依照反恐怖主义法作出的行政处罚和行政强制措施决定不服的，可以（　　）。

A. 依法提出申诉

B. 依法申请行政复议

C. 依法提起行政诉讼

D. 向上级部门反映

87. （　　）在其职责范围内，因反恐怖主义情报信息工作的需要，根据国家有关规定，经过严格的批准手续，可以采取技术侦察措施。

A. 公安机关

B. 国家安全机关

C. 军事机关

D. 检察机关

88. 下列（　　）可以担任应对处置恐怖事件的指挥长。

A. 反恐怖主义工作领导机构负责人

B. 公安机关负责人

C. 反恐怖主义工作领导机构的其他成员单位负责人

D. 现场指挥年龄最大的人

89. 中华人民共和国根据缔结或者参加的国际条约，或者按照（   ）原则，与其他国家、地区、国际组织开展反恐怖主义合作。

A. 平等互惠

B. 平等互利

C. 平等互助

D. 平等互信

90. 中国人民解放军、中国人民武装警察部队派员出境执行反恐怖主义任务，由（   ）批准。

A. 中央军事委员会

B. 国务院

C. 全国人大常委会

D. 全国人民代表大会

91. 国家独立自主、自力更生地建设和巩固国防，实行（   ）战略，坚持全民自卫原则。

A. 积极防御

B. 消极防御

C. 全民防御

D. 主动防御

92. 中华人民共和国的武装力量，由（   ）组成。

A. 中国人民解放军现役部队和预备役部队

B. 中国人民武装警察部队

C. 民兵

D. 人民警察

93. 下列( )公民应当担负国防勤务。

A. 十八周岁至六十周岁的男性公民

B. 十八周岁至五十五周岁的女性公民

C. 十六周岁至六十周岁的男性公民

D. 十六周岁至五十五周岁的女性公民

94. 获悉突发事件信息的公民、法人或者其他组织，应当立即向( )报告。

A. 所在地人民政府

B. 有关主管部门

C. 指定的专业机构

D. 上一级人民政府

95. ( )决定全国或者个别省、自治区、直辖市进入紧急状态。

A. 中华人民共和国国家主席

B. 国务院

C. 全国人大

D. 全国人大常委会

96. 国务院依照法律规定决定( )进入紧急状态。

A. 省、自治区、直辖市的范围内部分地区

B. 全国或者个别省、自治区、直辖市

C. 全国

D. 个别省、自治区、直辖市

97. 《中华人民共和国突发事件应对法》规定，发生特别重大突发事件，需要进入紧急状态的，由( )依照宪法和其他有关法律规定的权限和程序决定。

A. 全国人民代表大会常务委员会

B. 全国人民代表大会常务委员会或者国务院

C. 国务院

D. 中华人民共和国国家主席

98.《中华人民共和国突发事件应对法》规定，紧急状态期间采取的非常措施，依照有关法律规定执行或者由（　　）另行规定。

A. 全国人民代表大会

B. 全国人民代表大会常务委员会

C. 国务院

D. 中华人民共和国国家主席

99. 戒严期间，戒严实施机关可以决定在戒严地区采取（　　）措施，并可以制定具体实施办法。

A. 禁止或者限制集会、游行、示威、街头讲演以及其他聚众活动

B. 禁止罢工、罢市、罢课

C. 禁止任何反对戒严的活动

D. 实行新闻、通讯、邮政、电信、出境入境管制

100. 戒严执勤人员依照戒严实施机关的规定，有权对（　　）人员立即予以拘留。

A. 正在实施危害国家安全、破坏社会秩序的犯罪或者有重大嫌疑的

B. 阻挠或者抗拒戒严执勤人员执行戒严任务的

C. 抗拒交通管制或者宵禁规定的

D. 从事其他抗拒戒严令的活动的

国家安全法律制度知识试题参考答案

【填空题】

1. 社会主义制度　社会主义制度
2. 叛国和其他危害国家安全
3. 人民民主专政的政权　中国特色社会主义制度
4. 国家政权　人民福祉
5. 人民安全　政治安全
6. 中国共产党
7. 中央国家安全领导机构
8. 国家安全政策
9. 社会主义法治
10. 经济社会发展
11. 内部　外部　传统　非传统
12. 标本兼治　专门工作　群众路线
13. 共同安全
14. 政党　人民团体
15. 港澳　台湾
16. 个人　组织
17. 滥用职权
18. 危害国家安全

19. 4　15

20. 政治安全

21. 中国特色社会主义

22. 良好生存发展条件和安定工作生活环境

23. 领陆、内水、领海和领空

24. 革命化　现代化　正规化

25. 维护国家海外利益

26. 基本经济制度和社会主义市场经济秩序

27. 公有制为主体、多种所有制经济共同发展

28. 维护我国的基本经济制度和经济秩序的安全

29. 金融宏观审慎管理

30. 社会主义核心价值观　意识形态领域

31. 网络和信息核心技术

32. 网络攻击　网络入侵

33. 交往、交流、交融

34. 国家统一　民族团结　社会和谐

35. 宗教独立自主自办

36. 危害国家安全的违法犯罪活动

37. 邪教违法犯罪活动

38. 极端主义

39. 公共安全

40. 公共卫生、社会安全

41. 生态保护红线

42. 预警和防控

43. 安全管理、监管和保护

44. 应急体系和应急能力
45. 安全进出、科学考察、开发利用
46. 活动、资产和其他利益
47. 正当权益
48. 全国人民代表大会
49. 全国人民代表大会常务委员会
50. 中华人民共和国主席
51. 国务院
52. 中央军事委员会
53. 本系统、本领域
54. 遵守和执行
55. 管理本行政区域内
56. 维护国家安全
57. 审判权
58. 国家安全机关、公安机关
59. 维护国家安全
60. 超越职权、滥用职权
61. 统分结合　协调高效
62. 重点领域工作协调机制
63. 督促检查和责任追究
64. 各部门　各地区
65. 跨部门会商工作机制
66. 协同联动机制
67. 决策咨询机制
68. 统一归口　情报信息工作协调

69. 国家安全机关　公安机关　有关军事机关

70. 国家机关各部门

71. 现代科学技术

72. 及时　准确　客观

73. 各领域

74. 风险评估机制

75. 调查评估

76. 中央国家安全领导机构

77. 风险监测预警制度

78. 风险预警

79. 可能即将发生或者已经发生

80. 县级以上地方人民政府及其有关主管部门　越级

81. 国家安全审查和监管的制度和机制

82. 外商投资　特定物项和关键技术　网络信息技术产品和服务　涉及国家安全事项的建设项目

83. 有效预防和化解

84. 中央国家机关各部门

85. 国家安全审查决定

86. 省、自治区、直辖市

87. 统一领导　协同联动　有序高效

88. 中央国家安全领导机构

89. 紧急状态　战争状态　全国总动员　局部动员

90. 全国人民代表大会常务委员会

91. 最大程度

92. 统一

93. 及时解除

94. 维护国家安全

95. 国家安全法治

96. 经费和装备

97. 使用效能和安全

98. 科技创新

99. 专门　特殊

100. 有关机关专门从事国家安全工作人员

101. 国家安全机关、公安机关、有关军事

102. 国民教育　公务员教育培训

103. 资助或者协助

104. 补偿　抚恤优待

105. 批评建议　申诉　控告　检举

106. 维护国家安全的实际需要

107. 国家安全机关

108. 保护

109. 境外人员

110. 场所　限制进入的有关地区、场所、单位

111. 查阅或者调取

112. 优先通行

113. 征用

114. 拒绝整改

115. 查封、扣押、冻结

116. 指导

117. 反间谍工作

118. 国家安全机关

119. 国家安全机关

120. 如实提供

121. 所知悉的

122. 没收

123. 国家安全

124. 打击报复

125. 直接或者通过所在单位

126. 拒绝提供的

127. 故意阻碍

128. 十五

129. 掩饰、隐瞒

130. 驱逐出境

131. 《中华人民共和国反间谍法》

132. 庇护　难民

133. 立即停止传输　保存相关记录　删除相关信息　公安机关或者有关部门

134. 停止传输　删除相关信息　关闭相关网站　关停相关服务　保存相关记录　阻断传播

135. 安全查验制度　安全检查或者开封验视

136. 对客户身份进行查验　身份不明或者拒绝身份查验

137. 销售　使用　管制　现金　实物

138. 公共安全视频图像信息系统

139. 村民委员会　居民委员会　所在单位　就读学校　家庭　监护人

140. 犯罪性质　情节　社会危害程度　服刑期间的表现　释放后对所居住社区的影响　向罪犯服刑地的中级人民法院提出安置教育建议　同级人民检察院

141. 肖像　指纹　虹膜图像　血液　尿液　脱落细胞　签名

142. 指挥长　反恐怖主义工作领导机构负责人　公安机关负责人　反恐怖主义工作领导机构的其他成员单位负责人

143. 直接受到恐怖活动危害、威胁人员

144. 在现场持枪支、刀具等凶器或者使用其他危险方法，正在或者准备实施暴力行为

145. 虚假恐怖事件信息　恐怖活动的实施细节　残忍、不人道　应对处置的工作人员　人质身份信息　应对处置行动情况

146. 尽快恢复生活、生产　社会秩序和公众情绪

147. 行政处罚　刑事诉讼　我方承诺不作为证据使用

148. 及时归还或者恢复原状　依照规定支付相应费用　应当补偿

149. 十日以上十五日以下　一万元以下

150. 及时解除有关措施，予以退还

151. 和平

152. 直线基线法

153. 依法无害

154. 二百海里

155. 主权权利

156. 国务院

157. 中央军事委员会

158. 中央军事委员会

159. 国防需求和国民经济发展水平

160. 国务院、中央军事委员会

161. 县级以上地方各级人民政府

162. 备案

163. 全国人大常委会

164. 国务院

165. 自然灾害、事故灾难、公共卫生事件和社会安全事件

166. 特别重大、重大、较大和一般

167. 全国人大常委会或者国务院

168. 全国人大常委会

169. 动乱　暴乱　严重骚乱

170. 戒严令

【选择题】

1. ABCD	2. ABC	3. ABCDE	4. ABCDEF
5. ACE	6. A B C DEF G	7. A	8. A
9. ABC	10. ABCD	11. A	12. ABCD
13. ABC	14. A	15. ABCD	16. ABC
17. ABCD	18. ABC	19. ABCD	20. B
21. ABCD	22. CD	23. ABCD	24. ABCD
25. ABCD	26. AD	27. ABCD	28. ACD
29. AD	30. ABCD	31. BC	32. ABCD

33. C	34. ABCD	35. ABC	36. ABD
37. ABCD	38. BCD	39. ABCD	40. ABCD
41. AB	42. BD	43. CD	44. AB
45. AC	46. ABCD	47. AD	48. ABCD
49. ABC	50. C	51. ABCD	52. ABC
53. ABD	54. ABCD	55. ABC	56. BC
57. BCD	58. CD	59. ACD	60. ABCD
61. BD	62. ABCD	63. C	64. ABCD
65. ABD	66. ABCD	67. ABC	68. ABCD
69. ABD	70. ABCD	71. ABCD	72. ABCD
73. ABD	74. ABCD	75. ABCD	76. ABC
77. D	78. A	79. BD	80. ABDE
81. ACD	82. ABCDE	83. BCD	84. ABC
85. BCD	86. BC	87. ABC	88. ABC
89. A	90. A	91. A	92. ABC
93. AB	94. ABC	95. D	96. A
97. B	98. B	99. ABCD	100. ABCD

第三部分　附　　录

反分裂国家法

（2005年3月14日第十届全国人民代表大会第三次会议通过　2005年3月14日中华人民共和国主席令第34号公布　自公布之日起施行）

第一条　为了反对和遏制"台独"分裂势力分裂国家，促进祖国和平统一，维护台湾海峡地区和平稳定，维护国家主权和领土完整，维护中华民族的根本利益，根据宪法，制定本法。

第二条　世界上只有一个中国，大陆和台湾同属一个中国，中国的主权和领土完整不容分割。维护国家主权和领土完整是包括台湾同胞在内的全中国人民的共同义务。

台湾是中国的一部分。国家绝不允许"台独"分裂势力以任何名义、任何方式把台湾从中国分裂出去。

第三条　台湾问题是中国内战的遗留问题。

解决台湾问题，实现祖国统一，是中国的内部事务，不受任何外国势力的干涉。

第四条　完成统一祖国的大业是包括台湾同胞在内的全中国人民的神圣职责。

第五条　坚持一个中国原则，是实现祖国和平统一的基础。

以和平方式实现祖国统一，最符合台湾海峡两岸同胞的根本利益。国家以最大的诚意，尽最大的努力，实现和平统一。

国家和平统一后，台湾可以实行不同于大陆的制度，高度自治。

第六条 国家采取下列措施，维护台湾海峡地区和平稳定，发展两岸关系：

（一）鼓励和推动两岸人员往来，增进了解，增强互信；

（二）鼓励和推动两岸经济交流与合作，直接通邮通航通商，密切两岸经济关系，互利互惠；

（三）鼓励和推动两岸教育、科技、文化、卫生、体育交流，共同弘扬中华文化的优秀传统；

（四）鼓励和推动两岸共同打击犯罪；

（五）鼓励和推动有利于维护台湾海峡地区和平稳定、发展两岸关系的其他活动。

国家依法保护台湾同胞的权利和利益。

第七条 国家主张通过台湾海峡两岸平等的协商和谈判，实现和平统一。协商和谈判可以有步骤、分阶段进行，方式可以灵活多样。

台湾海峡两岸可以就下列事项进行协商和谈判：

（一）正式结束两岸敌对状态；

（二）发展两岸关系的规划；

（三）和平统一的步骤和安排；

（四）台湾当局的政治地位；

（五）台湾地区在国际上与其地位相适应的活动空间；

（六）与实现和平统一有关的其他任何问题。

第八条 "台独"分裂势力以任何名义、任何方式造成台湾从中国分裂出去的事实，或者发生将会导致台湾从中国分裂出去的重大事变，或者和平统一的可能性完全丧失，国家得采取非和平方式及其他必要措施，捍卫国家主权和领土完整。

依照前款规定采取非和平方式及其他必要措施，由国务院、中央军事委员会决定和组织实施，并及时向全国人民代表大会常务委员会报告。

第九条　依照本法规定采取非和平方式及其他必要措施并组织实施时，国家尽最大可能保护台湾平民和在台湾的外国人的生命财产安全和其他正当权益，减少损失；同时，国家依法保护台湾同胞在中国其他地区的权利和利益。

第十条　本法自公布之日起施行。

中华人民共和国国家安全法

(2015年7月1日第十二届全国人民代表大会常务委员会第十五次会议通过 2015年7月1日中华人民共和国主席令第29号公布 自公布之日起施行)

目 录

第一章 总则
第二章 维护国家安全的任务
第三章 维护国家安全的职责
第四章 国家安全制度
 第一节 一般规定
 第二节 情报信息
 第三节 风险预防、评估和预警
 第四节 审查监管
 第五节 危机管控
第五章 国家安全保障
第六章 公民、组织的义务和权利
第七章 附则

第一章 总 则

第一条 为了维护国家安全，保卫人民民主专政的政权和中国特色社会主义制度，保护人民的根本利益，保障改革开放和社会主义现代化建设的顺利进行，实现中华民族伟大复兴，根据宪法，制定本法。

第二条 国家安全是指国家政权、主权、统一和领土完整、人民福祉、经济社会可持续发展和国家其他重大利益相对处于没有危险和不受内外威胁的状态，以及保障持续安全状态的能力。

第三条 国家安全工作应当坚持总体国家安全观，以人民安全为宗旨，以政治安全为根本，以经济安全为基础，以军事、文化、社会安全为保障，以促进国际安全为依托，维护各领域国家安全，构建国家安全体系，走中国特色国家安全道路。

第四条 坚持中国共产党对国家安全工作的领导，建立集中统一、高效权威的国家安全领导体制。

第五条 中央国家安全领导机构负责国家安全工作的决策和议事协调，研究制定、指导实施国家安全战略和有关重大方针政策，统筹协调国家安全重大事项和重要工作，推动国家安全法治建设。

第六条 国家制定并不断完善国家安全战略，全面评估国际、国内安全形势，明确国家安全战略的指导方针、中长期目标、重点领域的国家安全政策、工作任务和措施。

第七条 维护国家安全，应当遵守宪法和法律，坚持社会主义法治原则，尊重和保障人权，依法保护公民的权利和自由。

第八条 维护国家安全，应当与经济社会发展相协调。

国家安全工作应当统筹内部安全和外部安全、国土安全和国民安全、传统安全和非传统安全、自身安全和共同安全。

第九条 维护国家安全，应当坚持预防为主、标本兼治，专门工作与群众路线相结合，充分发挥专门机关和其他有关机关维护国家安全的职能作用，广泛动员公民和组织，防范、制止和依法惩治危害国家安全的行为。

第十条 维护国家安全，应当坚持互信、互利、平等、协作，积极同外国政府和国际组织开展安全交流合作，履行国际安全义务，促进共同安全，维护世界和平。

第十一条 中华人民共和国公民、一切国家机关和武装力量、各政党和各人民团体、企业事业组织和其他社会组织，都有维护国家安全的责任和义务。

中国的主权和领土完整不容侵犯和分割。维护国家主权、统一和领土完整是包括港澳同胞和台湾同胞在内的全中国人民的共同义务。

第十二条 国家对在维护国家安全工作中作出突出贡献的个人和组织给予表彰和奖励。

第十三条 国家机关工作人员在国家安全工作和涉及国家安全活动中，滥用职权、玩忽职守、徇私舞弊的，依法追究法律责任。

任何个人和组织违反本法和有关法律，不履行维护国家安全义务或者从事危害国家安全活动的，依法追究法律责任。

第十四条 每年4月15日为全民国家安全教育日。

第二章 维护国家安全的任务

第十五条 国家坚持中国共产党的领导，维护中国特色社会主义制度，发展社会主义民主政治，健全社会主义法治，强化权力运行制约和监督机制，保障人民当家作主的各项权利。

国家防范、制止和依法惩治任何叛国、分裂国家、煽动叛乱、颠覆或者煽动颠覆人民民主专政政权的行为；防范、制止和依法惩治窃取、泄露国家秘密等危害国家安全的行为；防范、制止和依法惩治境外势力的渗透、破坏、颠覆、分裂活动。

第十六条 国家维护和发展最广大人民的根本利益，保卫人民安全，创造良好生存发展条件和安定工作生活环境，保障公民的生命财产安全和其他合法权益。

第十七条 国家加强边防、海防和空防建设，采取一切必要的防卫和管控措施，保卫领陆、内水、领海和领空安全，维护国家领土主权和海洋权益。

第十八条 国家加强武装力量革命化、现代化、正规化建设，建设与保卫国家安全和发展利益需要相适应的武装力量；实施积极防御军事战略方针，防备和抵御侵略，制止武装颠覆和分裂；开展国际军事安全合作，实施联合国维和、国际救援、海上护航和维护国家海外利益的军事行动，维护国家主权、安全、领土完整、发展利益和世界和平。

第十九条 国家维护国家基本经济制度和社会主义市场经济秩序，健全预防和化解经济安全风险的制度机制，保障关系国民经济命脉的重要行业和关键领域、重点产业、重大基础设施和重大建设项目以及其他重大经济利益安全。

第二十条 国家健全金融宏观审慎管理和金融风险防范、处置机制，加强金融基础设施和基础能力建设，防范和化解系统性、区域性金融风险，防范和抵御外部金融风险的冲击。

第二十一条 国家合理利用和保护资源能源，有效管控战略资源能源的开发，加强战略资源能源储备，完善资源能源运输战略通道建设和安全保护措施，加强国际资源能源合作，全面提升应急保障能力，保障经济社会发展所需的资源能源持续、可靠和有效供给。

第二十二条　国家健全粮食安全保障体系，保护和提高粮食综合生产能力，完善粮食储备制度、流通体系和市场调控机制，健全粮食安全预警制度，保障粮食供给和质量安全。

第二十三条　国家坚持社会主义先进文化前进方向，继承和弘扬中华民族优秀传统文化，培育和践行社会主义核心价值观，防范和抵制不良文化的影响，掌握意识形态领域主导权，增强文化整体实力和竞争力。

第二十四条　国家加强自主创新能力建设，加快发展自主可控的战略高新技术和重要领域核心关键技术，加强知识产权的运用、保护和科技保密能力建设，保障重大技术和工程的安全。

第二十五条　国家建设网络与信息安全保障体系，提升网络与信息安全保护能力，加强网络和信息技术的创新研究和开发应用，实现网络和信息核心技术、关键基础设施和重要领域信息系统及数据的安全可控；加强网络管理，防范、制止和依法惩治网络攻击、网络入侵、网络窃密、散布违法有害信息等网络违法犯罪行为，维护国家网络空间主权、安全和发展利益。

第二十六条　国家坚持和完善民族区域自治制度，巩固和发展平等团结互助和谐的社会主义民族关系。坚持各民族一律平等，加强民族交往、交流、交融，防范、制止和依法惩治民族分裂活动，维护国家统一、民族团结和社会和谐，实现各民族共同团结奋斗、共同繁荣发展。

第二十七条　国家依法保护公民宗教信仰自由和正常宗教活动，坚持宗教独立自主自办的原则，防范、制止和依法惩治利用宗教名义进行危害国家安全的违法犯罪活动，反对境外势力干涉境内宗教事务，维护正常宗教活动秩序。

国家依法取缔邪教组织，防范、制止和依法惩治邪教违法犯罪活动。

第二十八条 国家反对一切形式的恐怖主义和极端主义，加强防范和处置恐怖主义的能力建设，依法开展情报、调查、防范、处置以及资金监管等工作，依法取缔恐怖活动组织和严厉惩治暴力恐怖活动。

第二十九条 国家健全有效预防和化解社会矛盾的体制机制，健全公共安全体系，积极预防、减少和化解社会矛盾，妥善处置公共卫生、社会安全等影响国家安全和社会稳定的突发事件，促进社会和谐，维护公共安全和社会安定。

第三十条 国家完善生态环境保护制度体系，加大生态建设和环境保护力度，划定生态保护红线，强化生态风险的预警和防控，妥善处置突发环境事件，保障人民赖以生存发展的大气、水、土壤等自然环境和条件不受威胁和破坏，促进人与自然和谐发展。

第三十一条 国家坚持和平利用核能和核技术，加强国际合作，防止核扩散，完善防扩散机制，加强对核设施、核材料、核活动和核废料处置的安全管理、监管和保护，加强核事故应急体系和应急能力建设，防止、控制和消除核事故对公民生命健康和生态环境的危害，不断增强有效应对和防范核威胁、核攻击的能力。

第三十二条 国家坚持和平探索和利用外层空间、国际海底区域和极地，增强安全进出、科学考察、开发利用的能力，加强国际合作，维护我国在外层空间、国际海底区域和极地的活动、资产和其他利益的安全。

第三十三条 国家依法采取必要措施，保护海外中国公民、组织和机构的安全和正当权益，保护国家的海外利益不受威胁和侵害。

第三十四条 国家根据经济社会发展和国家发展利益的需要，不断完善维护国家安全的任务。

第三章 维护国家安全的职责

第三十五条 全国人民代表大会依照宪法规定，决定战争和和平的问题，行使宪法规定的涉及国家安全的其他职权。

全国人民代表大会常务委员会依照宪法规定，决定战争状态的宣布，决定全国总动员或者局部动员，决定全国或者个别省、自治区、直辖市进入紧急状态，行使宪法规定的和全国人民代表大会授予的涉及国家安全的其他职权。

第三十六条 中华人民共和国主席根据全国人民代表大会的决定和全国人民代表大会常务委员会的决定，宣布进入紧急状态，宣布战争状态，发布动员令，行使宪法规定的涉及国家安全的其他职权。

第三十七条 国务院根据宪法和法律，制定涉及国家安全的行政法规，规定有关行政措施，发布有关决定和命令；实施国家安全法律法规和政策；依照法律规定决定省、自治区、直辖市的范围内部分地区进入紧急状态；行使宪法法律规定的和全国人民代表大会及其常务委员会授予的涉及国家安全的其他职权。

第三十八条 中央军事委员会领导全国武装力量，决定军事战略和武装力量的作战方针，统一指挥维护国家安全的军事行动，制定涉及国家安全的军事法规，发布有关决定和命令。

第三十九条 中央国家机关各部门按照职责分工，贯彻执行国家安全方针政策和法律法规，管理指导本系统、本领域国家安全工作。

第四十条　地方各级人民代表大会和县级以上地方各级人民代表大会常务委员会在本行政区域内,保证国家安全法律法规的遵守和执行。

地方各级人民政府依照法律法规规定管理本行政区域内的国家安全工作。

香港特别行政区、澳门特别行政区应当履行维护国家安全的责任。

第四十一条　人民法院依照法律规定行使审判权,人民检察院依照法律规定行使检察权,惩治危害国家安全的犯罪。

第四十二条　国家安全机关、公安机关依法搜集涉及国家安全的情报信息,在国家安全工作中依法行使侦查、拘留、预审和执行逮捕以及法律规定的其他职权。

有关军事机关在国家安全工作中依法行使相关职权。

第四十三条　国家机关及其工作人员在履行职责时,应当贯彻维护国家安全的原则。

国家机关及其工作人员在国家安全工作和涉及国家安全活动中,应当严格依法履行职责,不得超越职权、滥用职权,不得侵犯个人和组织的合法权益。

第四章　国家安全制度

第一节　一 般 规 定

第四十四条　中央国家安全领导机构实行统分结合、协调高效的国家安全制度与工作机制。

第四十五条 国家建立国家安全重点领域工作协调机制，统筹协调中央有关职能部门推进相关工作。

第四十六条 国家建立国家安全工作督促检查和责任追究机制，确保国家安全战略和重大部署贯彻落实。

第四十七条 各部门、各地区应当采取有效措施，贯彻实施国家安全战略。

第四十八条 国家根据维护国家安全工作需要，建立跨部门会商工作机制，就维护国家安全工作的重大事项进行会商研判，提出意见和建议。

第四十九条 国家建立中央与地方之间、部门之间、军地之间以及地区之间关于国家安全的协同联动机制。

第五十条 国家建立国家安全决策咨询机制，组织专家和有关方面开展对国家安全形势的分析研判，推进国家安全的科学决策。

第二节 情报信息

第五十一条 国家健全统一归口、反应灵敏、准确高效、运转顺畅的情报信息收集、研判和使用制度，建立情报信息工作协调机制，实现情报信息的及时收集、准确研判、有效使用和共享。

第五十二条 国家安全机关、公安机关、有关军事机关根据职责分工，依法搜集涉及国家安全的情报信息。

国家机关各部门在履行职责过程中，对于获取的涉及国家安全的有关信息应当及时上报。

第五十三条 开展情报信息工作，应当充分运用现代科学技术手段，加强对情报信息的鉴别、筛选、综合和研判分析。

第五十四条 情报信息的报送应当及时、准确、客观，不得迟报、漏报、瞒报和谎报。

第三节 风险预防、评估和预警

第五十五条 国家制定完善应对各领域国家安全风险预案。

第五十六条 国家建立国家安全风险评估机制，定期开展各领域国家安全风险调查评估。

有关部门应当定期向中央国家安全领导机构提交国家安全风险评估报告。

第五十七条 国家健全国家安全风险监测预警制度，根据国家安全风险程度，及时发布相应风险预警。

第五十八条 对可能即将发生或者已经发生的危害国家安全的事件，县级以上地方人民政府及其有关主管部门应当立即按照规定向上一级人民政府及其有关主管部门报告，必要时可以越级上报。

第四节 审 查 监 管

第五十九条 国家建立国家安全审查和监管的制度和机制，对影响或者可能影响国家安全的外商投资、特定物项和关键技术、网络信息技术产品和服务、涉及国家安全事项的建设项目，以及其他重大事项和活动，进行国家安全审查，有效预防和化解国家安全风险。

第六十条 中央国家机关各部门依照法律、行政法规行使国家安全审查职责，依法作出国家安全审查决定或者提出安全审查意见并监督执行。

第六十一条 省、自治区、直辖市依法负责本行政区域内有关国家安全审查和监管工作。

第五节 危机管控

第六十二条 国家建立统一领导、协同联动、有序高效的国家安全危机管控制度。

第六十三条 发生危及国家安全的重大事件,中央有关部门和有关地方根据中央国家安全领导机构的统一部署,依法启动应急预案,采取管控处置措施。

第六十四条 发生危及国家安全的特别重大事件,需要进入紧急状态、战争状态或者进行全国总动员、局部动员的,由全国人民代表大会、全国人民代表大会常务委员会或者国务院依照宪法和有关法律规定的权限和程序决定。

第六十五条 国家决定进入紧急状态、战争状态或者实施国防动员后,履行国家安全危机管控职责的有关机关依照法律规定或者全国人民代表大会常务委员会规定,有权采取限制公民和组织权利、增加公民和组织义务的特别措施。

第六十六条 履行国家安全危机管控职责的有关机关依法采取处置国家安全危机的管控措施,应当与国家安全危机可能造成的危害的性质、程度和范围相适应;有多种措施可供选择的,应当选择有利于最大程度保护公民、组织权益的措施。

第六十七条 国家健全国家安全危机的信息报告和发布机制。

国家安全危机事件发生后,履行国家安全危机管控职责的有关机关,应当按照规定准确、及时报告,并依法将有关国家安全危机事件发生、发展、管控处置及善后情况统一向社会发布。

第六十八条 国家安全威胁和危害得到控制或者消除后,应当及时解除管控处置措施,做好善后工作。

第五章　国家安全保障

第六十九条　国家健全国家安全保障体系，增强维护国家安全的能力。

第七十条　国家健全国家安全法律制度体系，推动国家安全法治建设。

第七十一条　国家加大对国家安全各项建设的投入，保障国家安全工作所需经费和装备。

第七十二条　承担国家安全战略物资储备任务的单位，应当按照国家有关规定和标准对国家安全物资进行收储、保管和维护，定期调整更换，保证储备物资的使用效能和安全。

第七十三条　鼓励国家安全领域科技创新，发挥科技在维护国家安全中的作用。

第七十四条　国家采取必要措施，招录、培养和管理国家安全工作专门人才和特殊人才。

根据维护国家安全工作的需要，国家依法保护有关机关专门从事国家安全工作人员的身份和合法权益，加大人身保护和安置保障力度。

第七十五条　国家安全机关、公安机关、有关军事机关开展国家安全专门工作，可以依法采取必要手段和方式，有关部门和地方应当在职责范围内提供支持和配合。

第七十六条　国家加强国家安全新闻宣传和舆论引导，通过多种形式开展国家安全宣传教育活动，将国家安全教育纳入国民教育体系和公务员教育培训体系，增强全民国家安全意识。

第六章　公民、组织的义务和权利

第七十七条　公民和组织应当履行下列维护国家安全的义务：

（一）遵守宪法、法律法规关于国家安全的有关规定；

（二）及时报告危害国家安全活动的线索；

（三）如实提供所知悉的涉及危害国家安全活动的证据；

（四）为国家安全工作提供便利条件或者其他协助；

（五）向国家安全机关、公安机关和有关军事机关提供必要的支持和协助；

（六）保守所知悉的国家秘密；

（七）法律、行政法规规定的其他义务。

任何个人和组织不得有危害国家安全的行为，不得向危害国家安全的个人或者组织提供任何资助或者协助。

第七十八条　机关、人民团体、企业事业组织和其他社会组织应当对本单位的人员进行维护国家安全的教育，动员、组织本单位的人员防范、制止危害国家安全的行为。

第七十九条　企业事业组织根据国家安全工作的要求，应当配合有关部门采取相关安全措施。

第八十条　公民和组织支持、协助国家安全工作的行为受法律保护。

因支持、协助国家安全工作，本人或者其近亲属的人身安全面临危险的，可以向公安机关、国家安全机关请求予以保护。公安机关、国家安全机关应当会同有关部门依法采取保护措施。

第八十一条　公民和组织因支持、协助国家安全工作导致财产损失的，按照国家有关规定给予补偿；造成人身伤害或者死亡的，按照国家有关规定给予抚恤优待。

第八十二条 公民和组织对国家安全工作有向国家机关提出批评建议的权利，对国家机关及其工作人员在国家安全工作中的违法失职行为有提出申诉、控告和检举的权利。

第八十三条 在国家安全工作中，需要采取限制公民权利和自由的特别措施时，应当依法进行，并以维护国家安全的实际需要为限度。

第七章　附　　则

第八十四条 本法自公布之日起施行。

中华人民共和国反间谍法

(2014年11月1日第十二届全国人民代表大会常务委员会第十一次会议通过 2014年11月1日中华人民共和国主席令第16号公布 自公布之日起施行)

目 录

第一章 总 则
第二章 国家安全机关在反间谍工作中的职权
第三章 公民和组织的义务和权利
第四章 法律责任
第五章 附 则

第一章 总 则

第一条 为了防范、制止和惩治间谍行为，维护国家安全，根据宪法，制定本法。

第二条 反间谍工作坚持中央统一领导，坚持公开工作与秘密工作相结合、专门工作与群众路线相结合、积极防御、依法惩治的原则。

第三条 国家安全机关是反间谍工作的主管机关。

公安、保密行政管理等其他有关部门和军队有关部门按照职责分工，密切配合，加强协调，依法做好有关工作。

第四条 中华人民共和国公民有维护国家的安全、荣誉和利益的义务，不得有危害国家的安全、荣誉和利益的行为。

一切国家机关和武装力量、各政党和各社会团体及各企业事业组织，都有防范、制止间谍行为，维护国家安全的义务。

国家安全机关在反间谍工作中必须依靠人民的支持，动员、组织人民防范、制止危害国家安全的间谍行为。

第五条 反间谍工作应当依法进行，尊重和保障人权，保障公民和组织的合法权益。

第六条 境外机构、组织、个人实施或者指使、资助他人实施的，或者境内机构、组织、个人与境外机构、组织、个人相勾结实施的危害中华人民共和国国家安全的间谍行为，都必须受到法律追究。

第七条 国家对支持、协助反间谍工作的组织和个人给予保护，对有重大贡献的给予奖励。

第二章 国家安全机关在反间谍工作中的职权

第八条 国家安全机关在反间谍工作中依法行使侦查、拘留、预审和执行逮捕以及法律规定的其他职权。

第九条 国家安全机关的工作人员依法执行任务时，依照规定出示相应证件，有权查验中国公民或者境外人员的身份证明，向有关组织和人员调查、询问有关情况。

第十条 国家安全机关的工作人员依法执行任务时，依照规定出示相应证件，可以进入有关场所、单位；根据国家有关规定，经过批准，出示相应证件，可以进入限制进入的有关地区、场所、单位，查阅或者调取有关的档案、资料、物品。

第十一条 国家安全机关的工作人员在依法执行紧急任务的情况下，经出示相应证件，可以优先乘坐公共交通工具，遇交通阻碍时，优先通行。

国家安全机关因反间谍工作需要，按照国家有关规定，可以优先使用或者依法征用机关、团体、企业事业组织和个人的交通工具、通信工具、场地和建筑物，必要时，可以设置相关工作场所和设备、设施，任务完成后应当及时归还或者恢复原状，并依照规定支付相应费用；造成损失的，应当补偿。

第十二条 国家安全机关因侦察间谍行为的需要，根据国家有关规定，经过严格的批准手续，可以采取技术侦察措施。

第十三条 国家安全机关因反间谍工作需要，可以依照规定查验有关组织和个人的电子通信工具、器材等设备、设施。查验中发现存在危害国家安全情形的，国家安全机关应当责令其整改；拒绝整改或者整改后仍不符合要求的，可以予以查封、扣押。

对依照前款规定查封、扣押的设备、设施，在危害国家安全的情形消除后，国家安全机关应当及时解除查封、扣押。

第十四条 国家安全机关因反间谍工作需要，根据国家有关规定，可以提请海关、边防等检查机关对有关人员和资料、器材免检。有关检查机关应当予以协助。

第十五条 国家安全机关对用于间谍行为的工具和其他财物，以及用于资助间谍行为的资金、场所、物资，经设区的市级以上国家安全机关负责人批准，可以依法查封、扣押、冻结。

第十六条 国家安全机关根据反间谍工作需要，可以会同有关部门制定反间谍技术防范标准，指导有关部门落实反间谍技术防范措施，对存在隐患的部门，经过严格的批准手续，可以进行反间谍技术防范检查和检测。

第十七条 国家安全机关及其工作人员在工作中，应当严格依法办事，不得超越职权、滥用职权，不得侵犯组织和个人的合法权益。

国家安全机关及其工作人员依法履行反间谍工作职责获取的组织和个人的信息、材料，只能用于反间谍工作。对属于国家秘密、商业秘密和个人隐私的，应当保密。

第十八条 国家安全机关工作人员依法执行职务受法律保护。

第三章 公民和组织的义务和权利

第十九条 机关、团体和其他组织应当对本单位的人员进行维护国家安全的教育，动员、组织本单位的人员防范、制止间谍行为。

第二十条 公民和组织应当为反间谍工作提供便利或者其他协助。

因协助反间谍工作，本人或者其近亲属的人身安全面临危险的，可以向国家安全机关请求予以保护。国家安全机关应当会同有关部门依法采取保护措施。

第二十一条 公民和组织发现间谍行为，应当及时向国家安全机关报告；向公安机关等其他国家机关、组织报告的，相关国家机关、组织应当立即移送国家安全机关处理。

第二十二条 在国家安全机关调查了解有关间谍行为的情况、收集有关证据时，有关组织和个人应当如实提供，不得拒绝。

第二十三条 任何公民和组织都应当保守所知悉的有关反间

谍工作的国家秘密。

第二十四条 任何个人和组织都不得非法持有属于国家秘密的文件、资料和其他物品。

第二十五条 任何个人和组织都不得非法持有、使用间谍活动特殊需要的专用间谍器材。专用间谍器材由国务院国家安全主管部门依照国家有关规定确认。

第二十六条 任何个人和组织对国家安全机关及其工作人员超越职权、滥用职权和其他违法行为，都有权向上级国家安全机关或者有关部门检举、控告。受理检举、控告的国家安全机关或者有关部门应当及时查清事实，负责处理，并将处理结果及时告知检举人、控告人。

对协助国家安全机关工作或者依法检举、控告的个人和组织，任何个人和组织不得压制和打击报复。

第四章 法律责任

第二十七条 境外机构、组织、个人实施或者指使、资助他人实施，或者境内机构、组织、个人与境外机构、组织、个人相勾结实施间谍行为，构成犯罪的，依法追究刑事责任。

实施间谍行为，有自首或者立功表现的，可以从轻、减轻或者免除处罚；有重大立功表现的，给予奖励。

第二十八条 在境外受胁迫或者受诱骗参加敌对组织、间谍组织，从事危害中华人民共和国国家安全的活动，及时向中华人民共和国驻外机构如实说明情况，或者入境后直接或者通过所在单位及时向国家安全机关、公安机关如实说明情况，并有悔改表现的，可以不予追究。

第二十九条　明知他人有间谍犯罪行为，在国家安全机关向其调查有关情况、收集有关证据时，拒绝提供的，由其所在单位或者上级主管部门予以处分，或者由国家安全机关处十五日以下行政拘留；构成犯罪的，依法追究刑事责任。

第三十条　以暴力、威胁方法阻碍国家安全机关依法执行任务的，依法追究刑事责任。

故意阻碍国家安全机关依法执行任务，未使用暴力、威胁方法，造成严重后果的，依法追究刑事责任；情节较轻的，由国家安全机关处十五日以下行政拘留。

第三十一条　泄露有关反间谍工作的国家秘密的，由国家安全机关处十五日以下行政拘留；构成犯罪的，依法追究刑事责任。

第三十二条　对非法持有属于国家秘密的文件、资料和其他物品的，以及非法持有、使用专用间谍器材的，国家安全机关可以依法对其人身、物品、住处和其他有关的地方进行搜查；对其非法持有的属于国家秘密的文件、资料和其他物品，以及非法持有、使用的专用间谍器材予以没收。非法持有属于国家秘密的文件、资料和其他物品，构成犯罪的，依法追究刑事责任；尚不构成犯罪的，由国家安全机关予以警告或者处十五日以下行政拘留。

第三十三条　隐藏、转移、变卖、损毁国家安全机关依法查封、扣押、冻结的财物的，或者明知是间谍活动的涉案财物而窝藏、转移、收购、代为销售或者以其他方法掩饰、隐瞒的，由国家安全机关追回。构成犯罪的，依法追究刑事责任。

第三十四条　境外人员违反本法的，可以限期离境或者驱逐出境。

第三十五条　当事人对行政处罚决定、行政强制措施决定不服的，可以自接到决定书之日起六十日内，向作出决定的上一级机关申请复议；对复议决定不服的，可以自接到复议决定书之日起十五日内向人民法院提起诉讼。

第三十六条 国家安全机关对依照本法查封、扣押、冻结的财物，应当妥善保管，并按照下列情形分别处理：

（一）涉嫌犯罪的，依照刑事诉讼法的规定处理；

（二）尚不构成犯罪，有违法事实的，对依法应当没收的予以没收，依法应当销毁的予以销毁；

（三）没有违法事实的，或者与案件无关的，应当解除查封、扣押、冻结，并及时返还相关财物；造成损失的，应当依法赔偿。

国家安全机关没收的财物，一律上缴国库。

第三十七条 国家安全机关工作人员滥用职权、玩忽职守、徇私舞弊，构成犯罪的，或者有非法拘禁、刑讯逼供、暴力取证、违反规定泄露国家秘密、商业秘密和个人隐私等行为，构成犯罪的，依法追究刑事责任。

第五章　附　　则

第三十八条 本法所称间谍行为，是指下列行为：

（一）间谍组织及其代理人实施或者指使、资助他人实施，或者境内外机构、组织、个人与其相勾结实施的危害中华人民共和国国家安全的活动；

（二）参加间谍组织或者接受间谍组织及其代理人的任务的；

（三）间谍组织及其代理人以外的其他境外机构、组织、个人实施或者指使、资助他人实施，或者境内机构、组织、个人与其相勾结实施的窃取、刺探、收买或者非法提供国家秘密或者情报，或者策动、引诱、收买国家工作人员叛变的活动；

（四）为敌人指示攻击目标的；

（五）进行其他间谍活动的。

第三十九条 国家安全机关、公安机关依照法律、行政法规和国家有关规定，履行防范、制止和惩治间谍行为以外的其他危害国家安全行为的职责，适用本法的有关规定。

第四十条 本法自公布之日起施行。1993年2月22日第七届全国人民代表大会常务委员会第三十次会议通过的《中华人民共和国国家安全法》同时废止。

中华人民共和国反恐怖主义法

（2015年12月27日第十二届全国人民代表大会常务委员会第十八次会议通过　2015年12月27日中华人民共和国主席令第36号公布　自2016年1月1日起施行）

目　　录

第一章　总　　则
第二章　恐怖活动组织和人员的认定
第三章　安全防范
第四章　情报信息
第五章　调　　查
第六章　应对处置
第七章　国际合作
第八章　保障措施
第九章　法律责任
第十章　附　　则

第一章　总　　则

第一条　为了防范和惩治恐怖活动，加强反恐怖主义工作，维护国家安全、公共安全和人民生命财产安全，根据宪法，制定本法。

第二条　国家反对一切形式的恐怖主义，依法取缔恐怖活动组织，对任何组织、策划、准备实施、实施恐怖活动，宣扬恐怖主义，煽动实施恐怖活动，组织、领导、参加恐怖活动组织，为恐怖活动提供帮助的，依法追究法律责任。

国家不向任何恐怖活动组织和人员作出妥协，不向任何恐怖活动人员提供庇护或者给予难民地位。

第三条　本法所称恐怖主义，是指通过暴力、破坏、恐吓等手段，制造社会恐慌、危害公共安全、侵犯人身财产，或者胁迫国家机关、国际组织，以实现其政治、意识形态等目的的主张和行为。

本法所称恐怖活动，是指恐怖主义性质的下列行为：

（一）组织、策划、准备实施、实施造成或者意图造成人员伤亡、重大财产损失、公共设施损坏、社会秩序混乱等严重社会危害的活动的；

（二）宣扬恐怖主义，煽动实施恐怖活动，或者非法持有宣扬恐怖主义的物品，强制他人在公共场所穿戴宣扬恐怖主义的服饰、标志的；

（三）组织、领导、参加恐怖活动组织的；

（四）为恐怖活动组织、恐怖活动人员、实施恐怖活动或者恐怖活动培训提供信息、资金、物资、劳务、技术、场所等支持、协助、便利的；

（五）其他恐怖活动。

本法所称恐怖活动组织，是指三人以上为实施恐怖活动而组成的犯罪组织。

本法所称恐怖活动人员，是指实施恐怖活动的人和恐怖活动组织的成员。

本法所称恐怖事件，是指正在发生或者已经发生的造成或者可能造成重大社会危害的恐怖活动。

第四条 国家将反恐怖主义纳入国家安全战略，综合施策，标本兼治，加强反恐怖主义的能力建设，运用政治、经济、法律、文化、教育、外交、军事等手段，开展反恐怖主义工作。

国家反对一切形式的以歪曲宗教教义或者其他方法煽动仇恨、煽动歧视、鼓吹暴力等极端主义，消除恐怖主义的思想基础。

第五条 反恐怖主义工作坚持专门工作与群众路线相结合，防范为主、惩防结合和先发制敌、保持主动的原则。

第六条 反恐怖主义工作应当依法进行，尊重和保障人权，维护公民和组织的合法权益。

在反恐怖主义工作中，应当尊重公民的宗教信仰自由和民族风俗习惯，禁止任何基于地域、民族、宗教等理由的歧视性做法。

第七条 国家设立反恐怖主义工作领导机构，统一领导和指挥全国反恐怖主义工作。

设区的市级以上地方人民政府设立反恐怖主义工作领导机构，县级人民政府根据需要设立反恐怖主义工作领导机构，在上级反恐怖主义工作领导机构的领导和指挥下，负责本地区反恐怖主义工作。

第八条 公安机关、国家安全机关和人民检察院、人民法院、司法行政机关以及其他有关国家机关，应当根据分工，实行工作责任制，依法做好反恐怖主义工作。

中国人民解放军、中国人民武装警察部队和民兵组织依照本法和其他有关法律、行政法规、军事法规以及国务院、中央军事委员会的命令，并根据反恐怖主义工作领导机构的部署，防范和处置恐怖活动。

有关部门应当建立联动配合机制，依靠、动员村民委员会、居民委员会、企业事业单位、社会组织，共同开展反恐怖主义工作。

第九条　任何单位和个人都有协助、配合有关部门开展反恐怖主义工作的义务，发现恐怖活动嫌疑或者恐怖活动嫌疑人员的，应当及时向公安机关或者有关部门报告。

第十条　对举报恐怖活动或者协助防范、制止恐怖活动有突出贡献的单位和个人，以及在反恐怖主义工作中作出其他突出贡献的单位和个人，按照国家有关规定给予表彰、奖励。

第十一条　对在中华人民共和国领域外对中华人民共和国国家、公民或者机构实施的恐怖活动犯罪，或者实施的中华人民共和国缔结、参加的国际条约所规定的恐怖活动犯罪，中华人民共和国行使刑事管辖权，依法追究刑事责任。

第二章　恐怖活动组织和人员的认定

第十二条　国家反恐怖主义工作领导机构根据本法第三条的规定，认定恐怖活动组织和人员，由国家反恐怖主义工作领导机构的办事机构予以公告。

第十三条　国务院公安部门、国家安全部门、外交部门和省级反恐怖主义工作领导机构对于需要认定恐怖活动组织和人员的，应当向国家反恐怖主义工作领导机构提出申请。

第十四条　金融机构和特定非金融机构对国家反恐怖主义工作领导机构的办事机构公告的恐怖活动组织和人员的资金或者其他资产，应当立即予以冻结，并按照规定及时向国务院公安部门、国家安全部门和反洗钱行政主管部门报告。

第十五条　被认定的恐怖活动组织和人员对认定不服的，可以通过国家反恐怖主义工作领导机构的办事机构申请复核。国家反恐怖主义工作领导机构应当及时进行复核，作出维持或者撤销认定的决定。复核决定为最终决定。

国家反恐怖主义工作领导机构作出撤销认定的决定的，由国家反恐怖主义工作领导机构的办事机构予以公告；资金、资产已被冻结的，应当解除冻结。

第十六条　根据刑事诉讼法的规定，有管辖权的中级以上人民法院在审判刑事案件的过程中，可以依法认定恐怖活动组织和人员。对于在判决生效后需要由国家反恐怖主义工作领导机构的办事机构予以公告的，适用本章的有关规定。

第三章　安全防范

第十七条　各级人民政府和有关部门应当组织开展反恐怖主义宣传教育，提高公民的反恐怖主义意识。

教育、人力资源行政主管部门和学校、有关职业培训机构应当将恐怖活动预防、应急知识纳入教育、教学、培训的内容。

新闻、广播、电视、文化、宗教、互联网等有关单位，应当有针对性地面向社会进行反恐怖主义宣传教育。

村民委员会、居民委员会应当协助人民政府以及有关部门，加强反恐怖主义宣传教育。

第十八条 电信业务经营者、互联网服务提供者应当为公安机关、国家安全机关依法进行防范、调查恐怖活动提供技术接口和解密等技术支持和协助。

第十九条 电信业务经营者、互联网服务提供者应当依照法律、行政法规规定，落实网络安全、信息内容监督制度和安全技术防范措施，防止含有恐怖主义、极端主义内容的信息传播；发现含有恐怖主义、极端主义内容的信息的，应当立即停止传输，保存相关记录，删除相关信息，并向公安机关或者有关部门报告。

网信、电信、公安、国家安全等主管部门对含有恐怖主义、极端主义内容的信息，应当按照职责分工，及时责令有关单位停止传输、删除相关信息，或者关闭相关网站、关停相关服务。有关单位应当立即执行，并保存相关记录，协助进行调查。对互联网上跨境传输的含有恐怖主义、极端主义内容的信息，电信主管部门应当采取技术措施，阻断传播。

第二十条 铁路、公路、水上、航空的货运和邮政、快递等物流运营单位应当实行安全查验制度，对客户身份进行查验，依照规定对运输、寄递物品进行安全检查或者开封验视。对禁止运输、寄递，存在重大安全隐患，或者客户拒绝安全查验的物品，不得运输、寄递。

前款规定的物流运营单位，应当实行运输、寄递客户身份、物品信息登记制度。

第二十一条　电信、互联网、金融、住宿、长途客运、机动车租赁等业务经营者、服务提供者，应当对客户身份进行查验。对身份不明或者拒绝身份查验的，不得提供服务。

第二十二条　生产和进口单位应当依照规定对枪支等武器、弹药、管制器具、危险化学品、民用爆炸物品、核与放射物品作出电子追踪标识，对民用爆炸物品添加安检示踪标识物。

运输单位应当依照规定对运营中的危险化学品、民用爆炸物品、核与放射物品的运输工具通过定位系统实行监控。

有关单位应当依照规定对传染病病原体等物质实行严格的监督管理，严密防范传染病病原体等物质扩散或者流入非法渠道。

对管制器具、危险化学品、民用爆炸物品，国务院有关主管部门或者省级人民政府根据需要，在特定区域、特定时间，可以决定对生产、进出口、运输、销售、使用、报废实施管制，可以禁止使用现金、实物进行交易或者对交易活动作出其他限制。

第二十三条　发生枪支等武器、弹药、危险化学品、民用爆炸物品、核与放射物品、传染病病原体等物质被盗、被抢、丢失或者其他流失的情形，案发单位应当立即采取必要的控制措施，并立即向公安机关报告，同时依照规定向有关主管部门报告。公安机关接到报告后，应当及时开展调查。有关主管部门应当配合公安机关开展工作。

任何单位和个人不得非法制作、生产、储存、运输、进出口、销售、提供、购买、使用、持有、报废、销毁前款规定的物品。公安机关发现的，应当予以扣押；其他主管部门发现的，应当予以扣押，并立即通报公安机关；其他单位、个人发现的，应当立即向公安机关报告。

第二十四条　国务院反洗钱行政主管部门、国务院有关部门、机构依法对金融机构和特定非金融机构履行反恐怖主义融资义务的情况进行监督管理。

国务院反洗钱行政主管部门发现涉嫌恐怖主义融资的，可以依法进行调查，采取临时冻结措施。

第二十五条　审计、财政、税务等部门在依照法律、行政法规的规定对有关单位实施监督检查的过程中，发现资金流入流出涉嫌恐怖主义融资的，应当及时通报公安机关。

第二十六条　海关在对进出境人员携带现金和无记名有价证券实施监管的过程中，发现涉嫌恐怖主义融资的，应当立即通报国务院反洗钱行政主管部门和有管辖权的公安机关。

第二十七条　地方各级人民政府制定、组织实施城乡规划，应当符合反恐怖主义工作的需要。

地方各级人民政府应当根据需要，组织、督促有关建设单位在主要道路、交通枢纽、城市公共区域的重点部位，配备、安装公共安全视频图像信息系统等防范恐怖袭击的技防、物防设备、设施。

第二十八条　公安机关和有关部门对宣扬极端主义，利用极端主义危害公共安全、扰乱公共秩序、侵犯人身财产、妨害社会管理的，应当及时予以制止，依法追究法律责任。

公安机关发现极端主义活动的，应当责令立即停止，将有关人员强行带离现场并登记身份信息，对有关物品、资料予以收缴，对非法活动场所予以查封。

任何单位和个人发现宣扬极端主义的物品、资料、信息的，应当立即向公安机关报告。

第二十九条 对被教唆、胁迫、引诱参与恐怖活动、极端主义活动，或者参与恐怖活动、极端主义活动情节轻微，尚不构成犯罪的人员，公安机关应当组织有关部门、村民委员会、居民委员会、所在单位、就读学校、家庭和监护人对其进行帮教。

监狱、看守所、社区矫正机构应当加强对服刑的恐怖活动罪犯和极端主义罪犯的管理、教育、矫正等工作。监狱、看守所对恐怖活动罪犯和极端主义罪犯，根据教育改造和维护监管秩序的需要，可以与普通刑事罪犯混合关押，也可以个别关押。

第三十条 对恐怖活动罪犯和极端主义罪犯被判处徒刑以上刑罚的，监狱、看守所应当在刑满释放前根据其犯罪性质、情节和社会危害程度，服刑期间的表现，释放后对所居住社区的影响等进行社会危险性评估。进行社会危险性评估，应当听取有关基层组织和原办案机关的意见。经评估具有社会危险性的，监狱、看守所应当向罪犯服刑地的中级人民法院提出安置教育建议，并将建议书副本抄送同级人民检察院。

罪犯服刑地的中级人民法院对于确有社会危险性的，应当在罪犯刑满释放前作出责令其在刑满释放后接受安置教育的决定。决定书副本应当抄送同级人民检察院。被决定安置教育的人员对决定不服的,可以向上一级人民法院申请复议。

安置教育由省级人民政府组织实施。安置教育机构应当每年对被安置教育人员进行评估,对于确有悔改表现,不致再危害社会的,应当及时提出解除安置教育的意见,报决定安置教育的中级人民法院作出决定。被安置教育人员有权申请解除安置教育。

人民检察院对安置教育的决定和执行实行监督。

第三十一条　公安机关应当会同有关部门,将遭受恐怖袭击的可能性较大以及遭受恐怖袭击可能造成重大的人身伤亡、财产损失或者社会影响的单位、场所、活动、设施等确定为防范恐怖袭击的重点目标,报本级反恐怖主义工作领导机构备案。

第三十二条　重点目标的管理单位应当履行下列职责:

(一)制定防范和应对处置恐怖活动的预案、措施,定期进行培训和演练;

(二)建立反恐怖主义工作专项经费保障制度,配备、更新防范和处置设备、设施;

(三)指定相关机构或者落实责任人员,明确岗位职责;

(四)实行风险评估,实时监测安全威胁,完善内部安全管理;

(五)定期向公安机关和有关部门报告防范措施落实情况。

重点目标的管理单位应当根据城乡规划、相关标准和实际需要,对重点目标同步设计、同步建设、同步运行符合本法第二十七条规定的技防、物防设备、设施。

重点目标的管理单位应当建立公共安全视频图像信息系统

值班监看、信息保存使用、运行维护等管理制度，保障相关系统正常运行。采集的视频图像信息保存期限不得少于九十日。

对重点目标以外的涉及公共安全的其他单位、场所、活动、设施，其主管部门和管理单位应当依照法律、行政法规规定，建立健全安全管理制度，落实安全责任。

第三十三条　重点目标的管理单位应当对重要岗位人员进行安全背景审查。对有不适合情形的人员，应当调整工作岗位，并将有关情况通报公安机关。

第三十四条　大型活动承办单位以及重点目标的管理单位应当依照规定，对进入大型活动场所、机场、火车站、码头、城市轨道交通站、公路长途客运站、口岸等重点目标的人员、物品和交通工具进行安全检查。发现违禁品和管制物品，应当予以扣留并立即向公安机关报告；发现涉嫌违法犯罪人员，应当立即向公安机关报告。

第三十五条　对航空器、列车、船舶、城市轨道车辆、公共电汽车等公共交通运输工具，营运单位应当依照规定配备安保人员和相应设备、设施，加强安全检查和保卫工作。

第三十六条　公安机关和有关部门应当掌握重点目标的基础信息和重要动态，指导、监督重点目标的管理单位履行防范恐怖袭击的各项职责。

公安机关、中国人民武装警察部队应当依照有关规定对重点目标进行警戒、巡逻、检查。

第三十七条　飞行管制、民用航空、公安等主管部门应当按照职责分工，加强空域、航空器和飞行活动管理，严密防范针对航空器或者利用飞行活动实施的恐怖活动。

第三十八条　各级人民政府和军事机关应当在重点国（边）境地段和口岸设置拦阻隔离网、视频图像采集和防越境报警设施。

公安机关和中国人民解放军应当严密组织国（边）境巡逻，依照规定对抵离国（边）境前沿、进出国（边）境管理区和国（边）境通道、口岸的人员、交通运输工具、物品，以及沿海沿边地区的船舶进行查验。

第三十九条　出入境证件签发机关、出入境边防检查机关对恐怖活动人员和恐怖活动嫌疑人员，有权决定不准其出境入境、不予签发出境入境证件或者宣布其出境入境证件作废。

第四十条　海关、出入境边防检查机关发现恐怖活动嫌疑人员或者涉嫌恐怖活动物品的，应当依法扣留，并立即移送公安机关或者国家安全机关。

检验检疫机关发现涉嫌恐怖活动物品的，应当依法扣留，并立即移送公安机关或者国家安全机关。

第四十一条　国务院外交、公安、国家安全、发展改革、工业和信息化、商务、旅游等主管部门应当建立境外投资合作、旅游等安全风险评估制度，对中国在境外的公民以及驻外机构、设施、财产加强安全保护，防范和应对恐怖袭击。

第四十二条　驻外机构应当建立健全安全防范制度和应对处置预案，加强对有关人员、设施、财产的安全保护。

第四章　情报信息

第四十三条　国家反恐怖主义工作领导机构建立国家反恐

怖主义情报中心，实行跨部门、跨地区情报信息工作机制，统筹反恐怖主义情报信息工作。

有关部门应当加强反恐怖主义情报信息搜集工作，对搜集的有关线索、人员、行动类情报信息，应当依照规定及时统一归口报送国家反恐怖主义情报中心。

地方反恐怖主义工作领导机构应当建立跨部门情报信息工作机制，组织开展反恐怖主义情报信息工作，对重要的情报信息，应当及时向上级反恐怖主义工作领导机构报告，对涉及其他地方的紧急情报信息，应当及时通报相关地方。

第四十四条　公安机关、国家安全机关和有关部门应当依靠群众，加强基层基础工作，建立基层情报信息工作力量，提高反恐怖主义情报信息工作能力。

第四十五条　公安机关、国家安全机关、军事机关在其职责范围内，因反恐怖主义情报信息工作的需要，根据国家有关规定，经过严格的批准手续，可以采取技术侦察措施。

依照前款规定获取的材料，只能用于反恐怖主义应对处置和对恐怖活动犯罪、极端主义犯罪的侦查、起诉和审判，不得用于其他用途。

第四十六条　有关部门对于在本法第三章规定的安全防范工作中获取的信息，应当根据国家反恐怖主义情报中心的要求，及时提供。

第四十七条　国家反恐怖主义情报中心、地方反恐怖主义工作领导机构以及公安机关等有关部门应当对有关情报信息进行筛查、研判、核查、监控，认为有发生恐怖事件危险，需要采取相应的安全防范、应对处置措施的，应当及时通报有关部门和单位,并可以根据情况发出预警。有关部门和单位应当根据通报做好安全防范、应对处置工作。

第四十八条 反恐怖主义工作领导机构、有关部门和单位、个人应当对履行反恐怖主义工作职责、义务过程中知悉的国家秘密、商业秘密和个人隐私予以保密。

违反规定泄露国家秘密、商业秘密和个人隐私的,依法追究法律责任。

第五章 调 查

第四十九条 公安机关接到恐怖活动嫌疑的报告或者发现恐怖活动嫌疑,需要调查核实的,应当迅速进行调查。

第五十条 公安机关调查恐怖活动嫌疑,可以依照有关法律规定对嫌疑人员进行盘问、检查、传唤,可以提取或者采集肖像、指纹、虹膜图像等人体生物识别信息和血液、尿液、脱落细胞等生物样本,并留存其签名。

公安机关调查恐怖活动嫌疑,可以通知了解有关情况的人员到公安机关或者其他地点接受询问。

第五十一条 公安机关调查恐怖活动嫌疑,有权向有关单位和个人收集、调取相关信息和材料。有关单位和个人应当如实提供。

第五十二条 公安机关调查恐怖活动嫌疑,经县级以上公安机关负责人批准,可以查询嫌疑人员的存款、汇款、债券、股票、基金份额等财产,可以采取查封、扣押、冻结措施。查封、扣押、冻结的期限不得超过二个月,情况复杂的,可以经上一级公安机关负责人批准延长一个月。

第五十三条 公安机关调查恐怖活动嫌疑，经县级以上公安机关负责人批准，可以根据其危险程度，责令恐怖活动嫌疑人员遵守下列一项或者多项约束措施：

（一）未经公安机关批准不得离开所居住的市、县或者指定的处所；

（二）不得参加大型群众性活动或者从事特定的活动；

（三）未经公安机关批准不得乘坐公共交通工具或者进入特定的场所；

（四）不得与特定的人员会见或者通信；

（五）定期向公安机关报告活动情况；

（六）将护照等出入境证件、身份证件、驾驶证件交公安机关保存。

公安机关可以采取电子监控、不定期检查等方式对其遵守约束措施的情况进行监督。

采取前两款规定的约束措施的期限不得超过三个月。对不需要继续采取约束措施的，应当及时解除。

第五十四条 公安机关经调查，发现犯罪事实或者犯罪嫌疑人的，应当依照刑事诉讼法的规定立案侦查。本章规定的有关期限届满，公安机关未立案侦查的，应当解除有关措施。

第六章 应对处置

第五十五条 国家建立健全恐怖事件应对处置预案体系。

国家反恐怖主义工作领导机构应当针对恐怖事件的规律、

特点和可能造成的社会危害，分级、分类制定国家应对处置预案，具体规定恐怖事件应对处置的组织指挥体系和恐怖事件安全防范、应对处置程序以及事后社会秩序恢复等内容。

有关部门、地方反恐怖主义工作领导机构应当制定相应的应对处置预案。

第五十六条　应对处置恐怖事件，各级反恐怖主义工作领导机构应当成立由有关部门参加的指挥机构，实行指挥长负责制。反恐怖主义工作领导机构负责人可以担任指挥长，也可以确定公安机关负责人或者反恐怖主义工作领导机构的其他成员单位负责人担任指挥长。

跨省、自治区、直辖市发生的恐怖事件或者特别重大恐怖事件的应对处置，由国家反恐怖主义工作领导机构负责指挥；在省、自治区、直辖市范围内发生的涉及多个行政区域的恐怖事件或者重大恐怖事件的应对处置，由省级反恐怖主义工作领导机构负责指挥。

第五十七条　恐怖事件发生后，发生地反恐怖主义工作领导机构应当立即启动恐怖事件应对处置预案，确定指挥长。有关部门和中国人民解放军、中国人民武装警察部队、民兵组织，按照反恐怖主义工作领导机构和指挥长的统一领导、指挥，协同开展打击、控制、救援、救护等现场应对处置工作。

上级反恐怖主义工作领导机构可以对应对处置工作进行指导，必要时调动有关反恐怖主义力量进行支援。

需要进入紧急状态的，由全国人民代表大会常务委员会或者国务院依照宪法和其他有关法律规定的权限和程序决定。

第五十八条　发现恐怖事件或者疑似恐怖事件后，公安机关应当立即进行处置，并向反恐怖主义工作领导机构报告；中国人民解放军、中国人民武装警察部队发现正在实施恐怖活动的，应当立即予以控制并将案件及时移交公安机关。

反恐怖主义工作领导机构尚未确定指挥长的，由在场处置的公安机关职级最高的人员担任现场指挥员。公安机关未能到达现场的，由在场处置的中国人民解放军或者中国人民武装警察部队职级最高的人员担任现场指挥员。现场应对处置人员无论是否属于同一单位、系统，均应当服从现场指挥员的指挥。

指挥长确定后，现场指挥员应当向其请示、报告工作或者有关情况。

第五十九条　中华人民共和国在境外的机构、人员、重要设施遭受或者可能遭受恐怖袭击的，国务院外交、公安、国家安全、商务、金融、国有资产监督管理、旅游、交通运输等主管部门应当及时启动应对处置预案。国务院外交部门应当协调有关国家采取相应措施。

中华人民共和国在境外的机构、人员、重要设施遭受严重恐怖袭击后，经与有关国家协商同意，国家反恐怖主义工作领导机构可以组织外交、公安、国家安全等部门派出工作人员赴境外开展应对处置工作。

第六十条　应对处置恐怖事件，应当优先保护直接受到恐怖活动危害、威胁人员的人身安全。

第六十一条　恐怖事件发生后，负责应对处置的反恐怖主义工作领导机构可以决定由有关部门和单位采取下列一项或者多项应对处置措施：

（一）组织营救和救治受害人员，疏散、撤离并妥善安置受到威胁的人员以及采取其他救助措施；

（二）封锁现场和周边道路，查验现场人员的身份证件，在有关场所附近设置临时警戒线；

（三）在特定区域内实施空域、海（水）域管制，对特定区域内的交通运输工具进行检查；

（四）在特定区域内实施互联网、无线电、通讯管制；

（五）在特定区域内或者针对特定人员实施出境入境管制；

（六）禁止或者限制使用有关设备、设施，关闭或者限制使用有关场所，中止人员密集的活动或者可能导致危害扩大的生产经营活动；

（七）抢修被损坏的交通、电信、互联网、广播电视、供水、排水、供电、供气、供热等公共设施；

（八）组织志愿人员参加反恐怖主义救援工作，要求具有特定专长的人员提供服务；

（九）其他必要的应对处置措施。

采取前款第三项至第五项规定的应对处置措施，由省级以上反恐怖主义工作领导机构决定或者批准；采取前款第六项规定的应对处置措施，由设区的市级以上反恐怖主义工作领导机构决定。应对处置措施应当明确适用的时间和空间范围，并向社会公布。

第六十二条 人民警察、人民武装警察以及其他依法配备、携带武器的应对处置人员，对在现场持枪支、刀具等凶器或者使用其他危险方法，正在或者准备实施暴力行为的人员，经警告无效的，可以使用武器；紧急情况下或者警告后可能导致更为严重危害后果的，可以直接使用武器。

第六十三条　恐怖事件发生、发展和应对处置信息，由恐怖事件发生地的省级反恐怖主义工作领导机构统一发布；跨省、自治区、直辖市发生的恐怖事件，由指定的省级反恐怖主义工作领导机构统一发布。

任何单位和个人不得编造、传播虚假恐怖事件信息；不得报道、传播可能引起模仿的恐怖活动的实施细节；不得发布恐怖事件中残忍、不人道的场景；在恐怖事件的应对处置过程中，除新闻媒体经负责发布信息的反恐怖主义工作领导机构批准外，不得报道、传播现场应对处置的工作人员、人质身份信息和应对处置行动情况。

第六十四条　恐怖事件应对处置结束后，各级人民政府应当组织有关部门帮助受影响的单位和个人尽快恢复生活、生产，稳定受影响地区的社会秩序和公众情绪。

第六十五条　当地人民政府应当及时给予恐怖事件受害人员及其近亲属适当的救助，并向失去基本生活条件的受害人员及其近亲属及时提供基本生活保障。卫生、民政等主管部门应当为恐怖事件受害人员及其近亲属提供心理、医疗等方面的援助。

第六十六条　公安机关应当及时对恐怖事件立案侦查，查明事件发生的原因、经过和结果，依法追究恐怖活动组织、人员的刑事责任。

第六十七条　反恐怖主义工作领导机构应当对恐怖事件的发生和应对处置工作进行全面分析、总结评估，提出防范和应对处置改进措施，向上一级反恐怖主义工作领导机构报告。

第七章　国际合作

第六十八条　中华人民共和国根据缔结或者参加的国际条约，或者按照平等互惠原则，与其他国家、地区、国际组织开展反恐怖主义合作。

第六十九条　国务院有关部门根据国务院授权，代表中国政府与外国政府和有关国际组织开展反恐怖主义政策对话、情报信息交流、执法合作和国际资金监管合作。

在不违背我国法律的前提下，边境地区的县级以上地方人民政府及其主管部门，经国务院或者中央有关部门批准，可以与相邻国家或者地区开展反恐怖主义情报信息交流、执法合作和国际资金监管合作。

第七十条　涉及恐怖活动犯罪的刑事司法协助、引渡和被判刑人移管，依照有关法律规定执行。

第七十一条　经与有关国家达成协议，并报国务院批准，国务院公安部门、国家安全部门可以派员出境执行反恐怖主义任务。

中国人民解放军、中国人民武装警察部队派员出境执行反恐怖主义任务，由中央军事委员会批准。

第七十二条　通过反恐怖主义国际合作取得的材料可以在行政处罚、刑事诉讼中作为证据使用，但我方承诺不作为证据使用的除外。

第八章　保障措施

第七十三条　国务院和县级以上地方各级人民政府应当按照事权划分，将反恐怖主义工作经费分别列入同级财政预算。

国家对反恐怖主义重点地区给予必要的经费支持，对应对处置大规模恐怖事件给予经费保障。

第七十四条　公安机关、国家安全机关和有关部门，以及中国人民解放军、中国人民武装警察部队，应当依照法律规定的职责，建立反恐怖主义专业力量，加强专业训练，配备必要的反恐怖主义专业设备、设施。

县级、乡级人民政府根据需要，指导有关单位、村民委员会、居民委员会建立反恐怖主义工作力量、志愿者队伍，协助、配合有关部门开展反恐怖主义工作。

第七十五条　对因履行反恐怖主义工作职责或者协助、配合有关部门开展反恐怖主义工作导致伤残或者死亡的人员，按照国家有关规定给予相应的待遇。

第七十六条　因报告和制止恐怖活动，在恐怖活动犯罪案件中作证，或者从事反恐怖主义工作，本人或者其近亲属的人身安全面临危险的，经本人或者其近亲属提出申请，公安机关、有关部门应当采取下列一项或者多项保护措施：

（一）不公开真实姓名、住址和工作单位等个人信息；

（二）禁止特定的人接触被保护人员；

（三）对人身和住宅采取专门性保护措施；

（四）变更被保护人员的姓名，重新安排住所和工作单位；

（五）其他必要的保护措施。

公安机关、有关部门应当依照前款规定，采取不公开被保护单位的真实名称、地址，禁止特定的人接近被保护单位，对被保护单位办公、经营场所采取专门性保护措施，以及其他必要的保护措施。

第七十七条 国家鼓励、支持反恐怖主义科学研究和技术创新，开发和推广使用先进的反恐怖主义技术、设备。

第七十八条 公安机关、国家安全机关、中国人民解放军、中国人民武装警察部队因履行反恐怖主义职责的紧急需要，根据国家有关规定，可以征用单位和个人的财产。任务完成后应当及时归还或者恢复原状，并依照规定支付相应费用；造成损失的，应当补偿。

因开展反恐怖主义工作对有关单位和个人的合法权益造成损害的，应当依法给予赔偿、补偿。有关单位和个人有权依法请求赔偿、补偿。

第九章 法律责任

第七十九条 组织、策划、准备实施、实施恐怖活动，宣扬恐怖主义，煽动实施恐怖活动，非法持有宣扬恐怖主义的物品，强制他人在公共场所穿戴宣扬恐怖主义的服饰、标志，组织、领导、参加恐怖活动组织，为恐怖活动组织、恐怖活动人员、实施恐怖活动或者恐怖活动培训提供帮助的，依法追究刑事责任。

第八十条 参与下列活动之一，情节轻微，尚不构成犯罪的，由公安机关处十日以上十五日以下拘留，可以并处一万元以下罚款：

（一）宣扬恐怖主义、极端主义或者煽动实施恐怖活动、极端主义活动的；

（二）制作、传播、非法持有宣扬恐怖主义、极端主义的物品的；

（三）强制他人在公共场所穿戴宣扬恐怖主义、极端主义的服饰、标志的；

（四）为宣扬恐怖主义、极端主义或者实施恐怖主义、极端主义活动提供信息、资金、物资、劳务、技术、场所等支持、协助、便利的。

第八十一条 利用极端主义，实施下列行为之一，情节轻微，尚不构成犯罪的，由公安机关处五日以上十五日以下拘留，可以并处一万元以下罚款：

（一）强迫他人参加宗教活动，或者强迫他人向宗教活动场所、宗教教职人员提供财物或者劳务的；

（二）以恐吓、骚扰等方式驱赶其他民族或者有其他信仰的人员离开居住地的；

（三）以恐吓、骚扰等方式干涉他人与其他民族或者有其他信仰的人员交往、共同生活的；

（四）以恐吓、骚扰等方式干涉他人生活习俗、方式和生产经营的；

（五）阻碍国家机关工作人员依法执行职务的；

（六）歪曲、诋毁国家政策、法律、行政法规，煽动、教唆抵制人民政府依法管理的；

（七）煽动、胁迫群众损毁或者故意损毁居民身份证、户口簿等国家法定证件以及人民币的；

（八）煽动、胁迫他人以宗教仪式取代结婚、离婚登记的；

（九）煽动、胁迫未成年人不接受义务教育的；

（十）其他利用极端主义破坏国家法律制度实施的。

第八十二条 明知他人有恐怖活动犯罪、极端主义犯罪行为，窝藏、包庇，情节轻微，尚不构成犯罪的，或者在司法机关向其调查有关情况、收集有关证据时，拒绝提供的，由公安机关处十日以上十五日以下拘留，可以并处一万元以下罚款。

第八十三条 金融机构和特定非金融机构对国家反恐怖主义工作领导机构的办事机构公告的恐怖活动组织及恐怖活动人员的资金或者其他资产，未立即予以冻结的，由公安机关处二十万元以上五十万元以下罚款，并对直接负责的董事、高级管理人员和其他直接责任人员处十万元以下罚款；情节严重的，处五十万元以上罚款，并对直接负责的董事、高级管理人员和其他直接责任人员，处十万元以上五十万元以下罚款，可以并处五日以上十五日以下拘留。

第八十四条 电信业务经营者、互联网服务提供者有下列情形之一的，由主管部门处二十万元以上五十万元以下罚款，并对其直接负责的主管人员和其他直接责任人员处十万元以下罚款；情节严重的，处五十万元以上罚款，并对其直接负责的主管人员和其他直接责任人员，处十万元以上五十万元以下罚款，可以由公安机关对其直接负责的主管人员和其他直接责任人员，处五日以上十五日以下拘留：

（一）未依照规定为公安机关、国家安全机关依法进行防范、调查恐怖活动提供技术接口和解密等技术支持和协助的；

（二）未按照主管部门的要求，停止传输、删除含有恐怖主义、极端主义内容的信息，保存相关记录，关闭相关网站或者关停相关服务的；

（三）未落实网络安全、信息内容监督制度和安全技术防范措施，造成含有恐怖主义、极端主义内容的信息传播，情节严重的。

第八十五条　铁路、公路、水上、航空的货运和邮政、快递等物流运营单位有下列情形之一的，由主管部门处十万元以上五十万元以下罚款，并对其直接负责的主管人员和其他直接责任人员处十万元以下罚款：

（一）未实行安全查验制度，对客户身份进行查验，或者未依照规定对运输、寄递物品进行安全检查或者开封验视的；

（二）对禁止运输、寄递，存在重大安全隐患，或者客户拒绝安全查验的物品予以运输、寄递的；

（三）未实行运输、寄递客户身份、物品信息登记制度的。

第八十六条　电信、互联网、金融业务经营者、服务提供者未按规定对客户身份进行查验，或者对身份不明、拒绝身份查验的客户提供服务的，主管部门应当责令改正；拒不改正的，处二十万元以上五十万元以下罚款，并对其直接负责的主管人员和其他直接责任人员处十万元以下罚款；情节严重的，处五十万元以上罚款，并对其直接负责的主管人员和其他直接责任人员，处十万元以上五十万元以下罚款。

住宿、长途客运、机动车租赁等业务经营者、服务提供者有前款规定情形的，由主管部门处十万元以上五十万元以下罚款，并对其直接负责的主管人员和其他直接责任人员处十万元以下罚款。

第八十七条 违反本法规定，有下列情形之一的，由主管部门给予警告，并责令改正；拒不改正的，处十万元以下罚款，并对其直接负责的主管人员和其他直接责任人员处一万元以下罚款：

（一）未依照规定对枪支等武器、弹药、管制器具、危险化学品、民用爆炸物品、核与放射物品作出电子追踪标识，对民用爆炸物品添加安检示踪标识物的；

（二）未依照规定对运营中的危险化学品、民用爆炸物品、核与放射物品的运输工具通过定位系统实行监控的；

（三）未依照规定对传染病病原体等物质实行严格的监督管理，情节严重的；

（四）违反国务院有关主管部门或者省级人民政府对管制器具、危险化学品、民用爆炸物品决定的管制或者限制交易措施的。

第八十八条 防范恐怖袭击重点目标的管理、营运单位违反本法规定，有下列情形之一的，由公安机关给予警告，并责令改正；拒不改正的，处十万元以下罚款，并对其直接负责的主管人员和其他直接责任人员处一万元以下罚款：

（一）未制定防范和应对处置恐怖活动的预案、措施的；

（二）未建立反恐怖主义工作专项经费保障制度，或者未配备防范和处置设备、设施的；

（三）未落实工作机构或者责任人员的；

（四）未对重要岗位人员进行安全背景审查，或者未将有不适合情形的人员调整工作岗位的；

（五）对公共交通运输工具未依照规定配备安保人员和相应设备、设施的；

（六）未建立公共安全视频图像信息系统值班监看、信息保存使用、运行维护等管理制度的。

大型活动承办单位以及重点目标的管理单位未依照规定对进入大型活动场所、机场、火车站、码头、城市轨道交通站、公路长途客运站、口岸等重点目标的人员、物品和交通工具进行安全检查的，公安机关应当责令改正；拒不改正的，处十万元以下罚款，并对其直接负责的主管人员和其他直接责任人员处一万元以下罚款。

第八十九条　恐怖活动嫌疑人员违反公安机关责令其遵守的约束措施的，由公安机关给予警告，并责令改正；拒不改正的，处五日以上十五日以下拘留。

第九十条　新闻媒体等单位编造、传播虚假恐怖事件信息，报道、传播可能引起模仿的恐怖活动的实施细节，发布恐怖事件中残忍、不人道的场景，或者未经批准，报道、传播现场应对处置的工作人员、人质身份信息和应对处置行动情况的，由公安机关处二十万元以下罚款，并对其直接负责的主管人员和其他直接责任人员，处五日以上十五日以下拘留，可以并处五万元以下罚款。

个人有前款规定行为的，由公安机关处五日以上十五日以下拘留，可以并处一万元以下罚款。

第九十一条　拒不配合有关部门开展反恐怖主义安全防范、情报信息、调查、应对处置工作的，由主管部门处二千元以下罚款；造成严重后果的，处五日以上十五日以下拘留，可以并处一万元以下罚款。

单位有前款规定行为的，由主管部门处五万元以下罚款；造成严重后果的，处十万元以下罚款；并对其直接负责的主管人员和其他直接责任人员依照前款规定处罚。

第九十二条 阻碍有关部门开展反恐怖主义工作的，由公安机关处五日以上十五日以下拘留，可以并处五万元以下罚款。

单位有前款规定行为的，由公安机关处二十万元以下罚款，并对其直接负责的主管人员和其他直接责任人员依照前款规定处罚。

阻碍人民警察、人民解放军、人民武装警察依法执行职务的，从重处罚。

第九十三条 单位违反本法规定，情节严重的，由主管部门责令停止从事相关业务、提供相关服务或者责令停产停业；造成严重后果的，吊销有关证照或者撤销登记。

第九十四条 反恐怖主义工作领导机构、有关部门的工作人员在反恐怖主义工作中滥用职权、玩忽职守、徇私舞弊，或者有违反规定泄露国家秘密、商业秘密和个人隐私等行为，构成犯罪的，依法追究刑事责任；尚不构成犯罪的，依法给予处分。

反恐怖主义工作领导机构、有关部门及其工作人员在反恐怖主义工作中滥用职权、玩忽职守、徇私舞弊或者有其他违法违纪行为的，任何单位和个人有权向有关部门检举、控告。有关部门接到检举、控告后，应当及时处理并回复检举、控告人。

第九十五条 对依照本法规定查封、扣押、冻结、扣留、收缴的物品、资金等，经审查发现与恐怖主义无关的，应当及时解除有关措施，予以退还。

第九十六条 有关单位和个人对依照本法作出的行政处罚和行政强制措施决定不服的，可以依法申请行政复议或者提起行政诉讼。

第十章 附 则

第九十七条 本法自 2016 年 1 月 1 日起施行。2011 年 10 月 29 日第十一届全国人民代表大会常务委员会第二十三次会议通过的《全国人民代表大会常务委员会关于加强反恐怖工作有关问题的决定》同时废止。

中华人民共和国戒严法

（1996年3月1日第八届全国人民代表大会常务委员会第十八次会议通过 1996年3月1日中华人民共和国主席令第61号公布 自公布之日起施行）

目 录

第一章 总 则
第二章 戒严的实施
第三章 实施戒严的措施
第四章 戒严执勤人员的职责
第五章 附 则

第一章 总 则

第一条 根据中华人民共和国宪法，制定本法。

第二条 在发生严重危及国家的统一、安全或者社会公共安全的动乱、暴乱或者严重骚乱，不采取非常措施不足以维护社会秩序、保护人民的生命和财产安全的紧急状态时，国家可以决定实行戒严。

第三条 全国或者个别省、自治区、直辖市的戒严，由国务院提请全国人民代表大会常务委员会决定；中华人民共和国主席根据全国人民代表大会常务委员会的决定，发布戒严令。

省、自治区、直辖市的范围内部分地区的戒严，由国务院决定，国务院总理发布戒严令。

第四条 戒严期间，为保证戒严的实施和维护社会治安秩序，国家可以依照本法在戒严地区内，对宪法、法律规定的公民权利和自由的行使作出特别规定。

第五条 戒严地区内的人民政府应当依照本法采取必要的措施，尽快恢复正常社会秩序，保障人民的生命和财产安全以及基本生活必需品的供应。

第六条 戒严地区内的一切组织和个人，必须严格遵守戒严令和实施戒严令的规定，积极协助人民政府恢复正常社会秩序。

第七条 国家对遵守戒严令和实施戒严令的规定的组织和个人，采取有效措施保护其合法权益不受侵犯。

第八条 戒严任务由人民警察、人民武装警察执行；必要时，国务院可以向中央军事委员会提出，由中央军事委员会决定派出人民解放军协助执行戒严任务。

第二章 戒严的实施

第九条 全国或者个别省、自治区、直辖市的戒严，由国务院组织实施。

省、自治区、直辖市的范围内部分地区的戒严，由省、自治区、直辖市人民政府组织实施；必要时，国务院可以直接组织实施。

组织实施戒严的机关称为戒严实施机关。

第十条 戒严实施机关建立戒严指挥机构，由戒严指挥机构协调执行戒严任务的有关方面的行动,统一部署和实施戒严措施。

执行戒严任务的人民解放军,在戒严指挥机构的统一部署下,由中央军事委员会指定的军事机关实施指挥。

第十一条 戒严令应当规定戒严的地域范围、起始时间、实施机关等事项。

第十二条 根据本法第二条规定实行戒严的紧急状态消除后,应当及时解除戒严。

解除戒严的程序与决定戒严的程序相同。

第三章 实施戒严的措施

第十三条 戒严期间,戒严实施机关可以决定在戒严地区采取下列措施,并可以制定具体实施办法:

(一)禁止或者限制集会、游行、示威、街头讲演以及其他聚众活动;

(二)禁止罢工、罢市、罢课;

(三)实行新闻管制;

(四)实行通讯、邮政、电信管制;

(五)实行出境入境管制;

(六)禁止任何反对戒严的活动。

第十四条 戒严期间,戒严实施机关可以决定在戒严地区采取交通管制措施,限制人员进出交通管制区域,并对进出交通管制区域人员的证件、车辆、物品进行检查。

第十五条 戒严期间,戒严实施机关可以决定在戒严地区采取宵禁措施。宵禁期间,在实行宵禁地区的街道或者其他公共场所通行,必须持有本人身份证件和戒严实施机关制发的特别通行证。

第十六条　戒严期间，戒严实施机关或者戒严指挥机构可以在戒严地区对下列物品采取特别管理措施：

（一）武器、弹药；

（二）管制刀具；

（三）易燃易爆物品；

（四）化学危险物品、放射性物品、剧毒物品等。

第十七条　根据执行戒严任务的需要，戒严地区的县级以上人民政府可以临时征用国家机关、企业事业组织、社会团体以及公民个人的房屋、场所、设施、运输工具、工程机械等。在非常紧急的情况下，执行戒严任务的人民警察、人民武装警察、人民解放军的现场指挥员可以直接决定临时征用，地方人民政府应当给予协助。实施征用应当开具征用单据。

前款规定的临时征用物，在使用完毕或者戒严解除后应当及时归还；因征用造成损坏的，由县级以上人民政府按照国家有关规定给予相应补偿。

第十八条　戒严期间，对戒严地区的下列单位、场所，采取措施，加强警卫：

（一）首脑机关；

（二）军事机关和重要军事设施；

（三）外国驻华使领馆、国际组织驻华代表机构和国宾下榻处；

（四）广播电台、电视台、国家通讯社等重要新闻单位及其重要设施；

（五）与国计民生有重大关系的公用企业和公共设施；

（六）机场、火车站和港口；

（七）监狱、劳教场所、看守所；

（八）其他需要加强警卫的单位和场所。

第十九条 为保障戒严地区内的人民基本生活必需品的供应，戒严实施机关可以对基本生活必需品的生产、运输、供应、价格，采取特别管理措施。

第二十条 戒严实施机关依照本法采取的实施戒严令的措施和办法，需要公众遵守的，应当公布；在实施过程中，根据情况，对于不需要继续实施的措施和办法，应当及时公布停止实施。

第四章 戒严执勤人员的职责

第二十一条 执行戒严任务的人民警察、人民武装警察和人民解放军是戒严执勤人员。

戒严执勤人员执行戒严任务时，应当佩带由戒严实施机关统一规定的标志。

第二十二条 戒严执勤人员依照戒严实施机关的规定，有权对戒严地区公共道路上或者其他公共场所内的人员的证件、车辆、物品进行检查。

第二十三条 戒严执勤人员依照戒严实施机关的规定，有权对违反宵禁规定的人予以扣留，直至清晨宵禁结束；并有权对被扣留者的人身进行搜查，对其携带的物品进行检查。

第二十四条 戒严执勤人员依照戒严实施机关的规定，有权对下列人员立即予以拘留：

（一）正在实施危害国家安全、破坏社会秩序的犯罪或者有重大嫌疑的；

（二）阻挠或者抗拒戒严执勤人员执行戒严任务的；

（三）抗拒交通管制或者宵禁规定的；

（四）从事其他抗拒戒严令的活动的。

第二十五条 戒严执勤人员依照戒严实施机关的规定，有权对被拘留的人员的人身进行搜查，有权对犯罪嫌疑分子的住所和涉嫌藏匿犯罪分子、犯罪嫌疑分子或者武器、弹药等危险物品的场所进行搜查。

第二十六条 在戒严地区有下列聚众情形之一、阻止无效的，戒严执勤人员根据有关规定，可以使用警械强行制止或者驱散，并将其组织者和拒不服从的人员强行带离现场或者立即予以拘留：

（一）非法进行集会、游行、示威以及其他聚众活动的；

（二）非法占据公共场所或者在公共场所煽动进行破坏活动的；

（三）冲击国家机关或者其他重要单位、场所的；

（四）扰乱交通秩序或者故意堵塞交通的；

（五）哄抢或者破坏机关、团体、企业事业组织和公民个人的财产的。

第二十七条 戒严执勤人员对于依照本法规定予以拘留的人员，应当及时登记和讯问，发现不需要继续拘留的，应当立即释放。

戒严期间拘留、逮捕的程序和期限可以不受中华人民共和国刑事诉讼法有关规定的限制，但逮捕须经人民检察院批准或者决定。

第二十八条 在戒严地区遇有下列特别紧急情形之一，使用警械无法制止时，戒严执勤人员可以使用枪支等武器：

（一）公民或者戒严执勤人员的生命安全受到暴力危害时；

（二）拘留、逮捕、押解人犯，遇有暴力抗拒、行凶或者脱逃时；

（三）遇暴力抢夺武器、弹药时；

（四）警卫的重要对象、目标受到暴力袭击，或者有受到暴力袭击的紧迫危险时；

（五）在执行消防、抢险、救护作业以及其他重大紧急任务中，受到严重暴力阻挠时；

（六）法律、行政法规规定可以使用枪支等武器的其他情形。

戒严执勤人员必须严格遵守使用枪支等武器的规定。

第二十九条　戒严执勤人员应当遵守法律、法规和执勤规则，服从命令，履行职责，尊重当地民族风俗习惯，不得侵犯和损害公民的合法权益。

第三十条　戒严执勤人员依法执行任务的行为受法律保护。

戒严执勤人员违反本法规定，滥用职权，侵犯和损害公民合法权益的，依法追究法律责任。

第五章　附　　则

第三十一条　在个别县、市的局部范围内突然发生严重骚乱，严重危及国家安全、社会公共安全和人民的生命财产安全，国家没有作出戒严决定时，当地省级人民政府报经国务院批准，可以决定并组织人民警察、人民武装警察实施交通管制和现场管制，限制人员进出管制区域，对进出管制区域人员的证件、车辆、物品进行检查，对参与骚乱的人可以强行予以驱散、强行带离现场、搜查，对组织者和拒不服从的人员可以立即予以拘留；在人民警察、人民武装警察力量还不足以维持社会秩序时，可以报请国务院向中央军事委员会提出，由中央军事委员会决定派出人民解放军协助当地人民政府恢复和维持正常社会秩序。

第三十二条　本法自公布之日起施行。

图书在版编目（CIP）数据

国家安全法律制度知识百题百答／《国家安全法律制度知识百题百答》编写组编. —北京：中国法制出版社，2016.4
ISBN 978-7-5093-7476-4

Ⅰ.①国… Ⅱ.①国… Ⅲ.①国家安全法-中国-问题解答 Ⅳ.①D922.14

中国版本图书馆 CIP 数据核字（2016）第 072031 号

策划编辑：马 颖　　责任编辑：侯鹏 王雯汀　　封面设计：周黎明

国家安全法律制度知识百题百答
GUOJIA ANQUAN FALÜ ZHIDU ZHISHI BAITI BAIDA

编著／本书编写组
经销／新华书店
印刷／三河市紫恒印装有限公司
开本／880 毫米×1230 毫米 32　　印张／8.25　字数／146 千
版次／2016 年 4 月第 1 版　　　　　2016 年 4 月第 1 次印刷

中国法制出版社出版
书号 ISBN 978-7-5093-7476-4　　　　　　　　定价：35.00 元

北京西单横二条 2 号　　　　　　　值班电话：66026508
邮政编码 100031　　　　　　　　　传真：66031119
网址：http://www.zgfzs.com　　　　编辑部电话：66034242
市场营销部电话：66033393　　　　邮购部电话：66033288

（如有印装质量问题，请与本社编务印务管理部联系调换。电话：010-66032926）